Raffinierte Tartes

Alfons Schuhbeck
Annik Wecker

Raffinierte Tartes
süß und pikant

Fotografie: Sandra Irmler

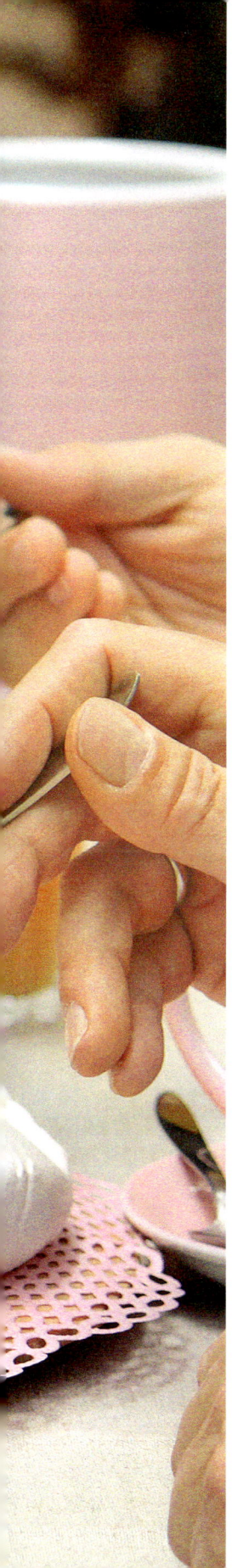

Inhalt

Eine runde Sache

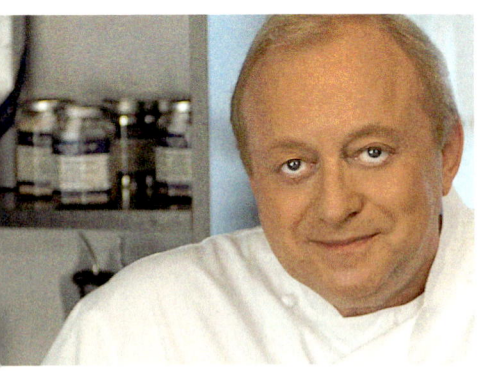

Als bayerischer Koch und Genießer hatte ich immer schon ein Faible für das Barocke. Dabei verstehe ich unter Barock nicht unbedingt das, was uns das Klischee häufig vorgibt, also nicht zwangsläufig das Verschnörkelte, Wuchtige, Überbordende. Für mich liegt der Reiz des Barocken vielmehr im Charme des Grundguten und Schlichten. Nicht von ungefähr ist das im Kulinarischen meist eine runde Sache, also etwas, das so handfest wie gschmackig ist und trotzdem etwas Feines, Leichtes an sich hat. Wie zum Beispiel Knödel, Dampfnudeln oder Buchteln. Oder eben auch: eine Tarte.

Tartes faszinieren mich als Koch noch aus einem anderen Grund. Sie gehören zu den ältesten, traditionsreichsten Gerichten unserer Kultur. Die frühesten Rezeptbücher von Meisterköchen, die uns erhalten geblieben sind, enthalten meist auch Rezepte für Tartes. Aus dem 14. Jahrhundert zum Beispiel ist uns ein berühmt gewordenes Kochbuch überliefert. Es heißt »Le Viandier« und stammt von Taillevent, einem Koch am französischen Hof. Darin findet sich bereits eines der frühesten Tarte-Rezepte der europäischen Küche: die »Bourbonentarte« – ein salziger, flacher Kuchen aus Mürbeteig mit einem Guss aus Käse, Milch und Eiern.

An diesem Grundrezept für eine Tarte hat sich über die Jahrhunderte im Wesentlichen nicht viel geändert. Und das ist sicher mit ein Grund dafür, weshalb Tartes so ungemein beliebt sind. Die Idee, die dahintersteckt, ist nämlich bestrickend einfach: ein Boden, ein Belag. Doch was lässt sich nicht alles aus diesen schlichten Komponenten zubereiten! Es gibt wohl kaum ein Rezept, das so sehr unsere Fantasie anregt und uns so viel Spielraum für feine Kombinationen lässt wie die Tarte.

Tartes sind bodenständig und raffiniert zugleich. Genau das gefällt mir an ihnen. Es ist übrigens kein Zufall, dass die Pizza ein Welterfolg wurde, denn kulturgeschichtlich betrachtet zählt sie, wie der Zwiebelkuchen oder die Quiche, ebenfalls zu den Tartes. Und so, wie man kaum jemanden finden wird, der Pizza nicht mag, gibt es wohl auch kaum jemanden, der nicht an einer Tarte Geschmack fände. Tartes signalisieren etwas Vertrautes. Man kann sie salzig zubereiten, pfiffig würzen oder überraschend füllen – sie bleiben immer, was sie sind: Ein praktisches, vielseitiges Gebäck, das zu fast allen Gelegenheiten passt. Ähnlich wie in der Musik, ist auch die Tarte ein Spiel mit vielen Variationen. Es hat mir viel Freude gemacht, dieses Spiel zusammen mit Annik Wecker aufzugreifen. Dass mir dabei der salzige Part zufiel, hat auch damit zu tun, dass sich Tartes wunderbar für die kreative Gewürzeküche eignen. Wie lohnenswert es ist, dabei aus den gewohnten Bahnen auszuscheren, zeigt sich, wenn man nicht nur die Füllungen, sondern auch die Teige aromatisiert. Der Teig, der doch ursprünglich nur als Träger für die Füllung gedacht war, wird somit selbst zum Geschmacksträger. Für diese Rezeptsammlung habe ich ihn zum Beispiel mit Maronenmehl zubereitet, mit Weißwein verfeinert, mit Käse oder Erdnüssen aromatisiert, oder mit Koriander, Kümmel oder Muskat gewürzt. Daraus ergaben sich ungeahnt spannende Harmonien, wie zum Beispiel bei den karamellisierten Käsetartelettes mit Muskatmürbteig oder der Tomatenschnecken-Tarte, deren Teig ich mit Parmesan und Oregano verfeinert habe.

Ideal für das Spiel mit Gewürzen sind auch die cremigen Füllungen vieler Tartes, meist auf der Grundlage von Frischkäse, süßem oder saurem Rahm, Eiern und Milch. Diese milden Grundzutaten bringen den Duft und das Aroma von Kräutern und Gewürzen erst so richtig zur Geltung. Auch hier möchte ich Sie ermuntern, sich von der Aromenfülle der Gewürze inspirieren zu lassen. Und wenn Sie dann für Ihre Gäste zum Beispiel eine Orientalische Linsen-Kokos-Tarte, eine Curry-Tarte mit Hühnchen oder eine Kürbistarte mit Mandeln zubereiten, servieren Sie sie am besten lauwarm: Auf diese Weise kommt die feine Würzigkeit der Aromen am schönsten zur Geltung.

Annik Wecker ist eine junge Mutter, und sie ist berufstätig. Trotzdem nimmt sie sich die Zeit, für ihre Familie zu backen. Das gefällt mir sehr, und ich finde das umso unterstützenswerter, weil sich viele junge Leute heute schwer damit tun, die vielen Alltagspflichten unter einen Hut zu bekommen und trotzdem jeden Tag frisch zu kochen. Wir Köche müssen unseren Teil dazu beitragen, es jungen Familien zu ermöglichen, trotz Stress und Doppelbelastung für sich und ihre Lieben etwas Gesundes, Bekömmliches und frisch Zubereitetes auf die Teller zu zaubern. Dafür sind Tartes ideal. Sie lassen sich gut vorbereiten und einfrieren. Und sie eignen sich ebenso für das kleine Fest unter Freunden wie für den täglichen Familientisch.

In diesem Sinne sind sie auf eine sehr moderne Art barock. Denn Barock – das bedeutet immer auch etwas Heimeliges, Gemütliches. Und das kommt nie aus der Mode.

Ihr Alfons Schuhbeck

Der Reiz der Vielfalt

Seit einigen Jahren backe ich nun schon für das Café Ringelnatz die unterschiedlichsten Kuchen. Dabei hat sich herausgestellt, dass Tartes in der Rangliste der beliebtesten Backwerke weit oben stehen. Dieser Umstand wiederum hat mich dazu verleitet, mich auf diese tollen Kuchen zu spezialisieren. Denn Tartes sind nicht nur für den, der sie isst, ein Hochgenuss, sondern auch für die Bäckerin.

Die Füllungen gebacken oder ungebacken, cremig oder locker, der Boden aus Mürbeteig, Hefeteig, Blätterteig und sogar Baiser – aus dieser Vielfalt entstehen mit ein bisschen Fantasie und Experimentierfreude die unterschiedlichsten Tartes. Ich habe mittlerweile so viele Rezepte in meinem Fundus, dass für mich das Schwierigste an diesem Buch die Auswahl war.

Mir ist im Zuge der Arbeit auch aufgefallen, dass nicht nur ich die Rezepte variiere. Seit ich mein erstes Buch »Anniks göttliche Kuchen« veröffentlicht habe, erreichen mich E-Mails und Briefe von Lesern, die mit ihren wertvollen Anregungen meine Rezepte weiterentwickelten. Oftmals mussten sie bestimmte Zutaten austauschen, weil die empfohlenen gerade nicht zur Hand waren und nicht selten entstanden daraus interessante und gelungene Kreationen. Einzig als die 8-jährige Tochter einer Freundin statt Hefe Nüsse verwendete, ging der Schuss nach hinten los. Nüsse sind nun einmal definitiv kein Triebmittel!

Sie sehen, dass mir sehr daran gelegen ist, dass sich meine Leser kreativ und fantasievoll ans Backen machen, denn ich würde Sie gern mit meiner Begeisterung für diese lustvolle und manchmal fast meditative Tätigkeit anstecken.

Für alle, die noch nicht so viel Erfahrung oder Mut haben, beinhaltet dieses Buch natürlich genügend erprobte und garantiert überaus köstliche Rezepte. Und die Vielseitigkeit bringt es mit sich, dass es für jeden Anlass die passende Tarte gibt: schnelle Rezepte für Leute mit wenig Zeit, aufwendige für Backfans, eindrucksvolle für Gäste, leichte und schwere, mächtige und kalorienarme, große und kleine Tartes.

Auch für eine Party oder ein Picknick sind viele der Kuchen geeignet, weil sie sich gut transportieren lassen. Und packt man sie in eine hübsche Kiste, ist eine Tarte ein wunderbares Geschenk. Haltbare und trockene Tartes kann man sogar per Post verschicken. Ich habe das zum Beispiel mit der Sachertarte ausprobiert und sie ist unversehrt angekommen. Die eher festen Tartes schmecken nach ein paar Tagen sogar noch besser, weil sie dann richtig durchgezogen sind – das macht sie geradezu ideal zum Verschicken.

Die meisten Tartes sind erstaunlich lange haltbar, was aber natürlich immer von den Füllungen abhängt. Das Problem mit den Kuchenresten aber, das in kleinen Haushalten oft entsteht, weil ein ganzer Kuchen zu viel ist für eine kleine Familie, kommt bei Tartes gar nicht erst auf: Erstens sind sie nicht so groß und zweitens so lecker, dass nichts übrig bleibt. Außerdem können Sie jede Tarte auch als Tartelette backen und die Rezepte je nach Bedarf halbieren oder verkleinern. Da sich Tartes außerdem prima einfrieren lassen, kann Übriggebliebenes einfach in die Tiefkühltruhe wandern.

Das Einfrieren hat außerdem den Vorteil, dass Sie damit die Zeit beim Vorbereiten besser einteilen können. Ich friere Tartes am liebsten halbfertig ein, also ohne die oberste Schicht. So sieht man ihr auf der Kaffeetafel das Auftauen sicher nicht an. Auch die Dekorationsmöglichkeiten für Tartes sind beinahe unendlich. Wer daran Freude hat, kann sich jedes Mal etwas Neues einfallen lassen. Und ist einmal eine Tarte nicht so ansehnlich geworden, mache ich einfach eine weitere Schicht darauf. So sind mir eigentlich eher zufällig ganz tolle, neue Kombinationen geglückt. Wenn Sie in Zeitnot sind, können Sie die Verwandlungskünstler einfach mit etwas geraspelter Schokolade, frischen Früchten oder Sahnetupfen versehen. Das sieht immer toll aus und geht ganz schnell.

Doch nun genug geschwärmt, denn all die wunderbaren Möglichkeiten, für die ich Sie in diesem Buch begeistern möchte, gelten ja nicht nur für die süßen Tartes! Alfons Schuhbeck, der große Meister der Kochkunst, hat sich zu meiner großen Freude bereit erklärt, aus seinem unerschöpflichen Erfahrungsschatz salzige Varianten zu diesem Buch beizutragen. Was für eine Ehre!

Ich wünsche Ihnen nun vor allem Lust am Experimentieren und ganz viel Freude beim Backen.

Ihre Annik Wecker

Pikante Tartes

Kein anderes Thema in der Küche lässt sich mit den gerade vorhandenen Zutaten so virtuos variieren wie Tartes. Das fängt an bei den zahllosen Möglichkeiten der Teigbereitung und endet beim Zusammenspiel von Kräutern und Gewürzen für Füllung und Guss. Außerdem können die knusprigen Köstlichkeiten innerhalb eines Menüs die verschiedensten Rollen übernehmen: Tartes setzen auf ganz besondere Weise geschmackliche Highlights oder fügen sich harmonisch ein, ganz wie man mag.

Klassiker –
neu erfunden

Quiche Lorraine mit Schinken und Lauch

der Tarte-Klassiker

Tarteform, 28 cm Ø

Boden:
1 Quicheteig,
Grundrezept Seite 176
1 Eiweiß

Füllung:
100 g gekochter Hinterschinken
2 dünne Stangen Lauch,
nur das Weiße
1 kleine Zwiebel
1 EL Öl
50 g Gouda, grob gerieben
etwas milder Chili, gemahlen
etwas Muskatnuss,
frisch gemahlen

Guss:
5 Eigelb
300 g Sahne
Salz, Pfeffer

Foto s. S. 12/13

1 Für den Boden einen Quicheteig wie auf Seite 177 beschrieben zubereiten und in die Form geben, Teig mit einer Gabel mehrmals einstechen. Den Backofen auf 200°C Ober-/Unterhitze vorheizen und den Boden wie auf Seite 182 beschrieben 10 Minuten blindbacken. Hülsenfrüchte entfernen, weitere 15 Minuten backen, mit Eiweiß einstreichen, nochmals 1–2 Minuten backen. Boden herausnehmen, Backofentemperatur auf 150°C reduzieren.

2 Für die Füllung Schinken in Würfel mit 5 mm Seitenlänge schneiden. Lauch längs halbieren, gründlich waschen, quer in Streifen schneiden. Zwiebel schälen, halbieren und in feine Streifen schneiden. Zwiebeln und Lauch in einer großen Pfanne bei mittlerer Hitze in dem Öl anschwitzen, anschließend in eine Schüssel umfüllen. Schinkenstreifen und Käse hinzufügen, vermengen und mit mildem Chili und Muskatnuss würzen.

3 Für den Guss Eigelb und Sahne in einer zweiten Schüssel mithilfe eines Stabmixers aufmixen. Mit Salz und Pfeffer würzen. Lauchmischung auf dem Tarteboden verteilen und die Eiersahne darübergießen. Die Quiche im vorgeheizten Backofen auf der untersten Schiene in etwa 40 Minuten goldbraun backen. Aus dem Ofen nehmen, kurz abkühlen lassen und in Stücke schneiden.

Tipp Die Quiche Lorraine kommt, wie der Name schon sagt, aus dem französischen Lothringen und wird in ihrer »Urform« nur mit Speck, Sahne und Eiern in der Füllung hergestellt. Auch der lothring'sche Quicheteig enthält Eier. Wie bei vielen Küchenklassikern hat aber wahrscheinlich jeder Ort und jede traditionsbewusste Familie eigene Rezepte. Klassisch als Beilage: Blattsalate mit Vinaigrette.

Frühlingskräutertarte mit Wachteleiern

als Vorspeise geeignet *&* dekorativ

Tarteform, 28 cm Ø

Boden:

180 g Mehl

100 g kalte Butter,
in Stückchen

70 g Mandeln, gemahlen

1 gestrichener TL Salz

1 Ei, Größe M

1 EL Weinessig

1 Eiweiß

Füllung:

120 g gemischte
Frühlingskräuter (Bärlauch,
Brunnenkresse, Brennnessel,
Kerbel, Basilikum, Petersilie),
nur die Blättchen

80 g gekochter Hinterschinken

100 g Schalotten

1 EL braune Butter (Seite 177)

Salz, Pfeffer

1 Prise milder Chili, gemahlen

etwas Muskatnuss,
frisch gerieben

Guss:

150 g Crème fraîche

100 g Sauerrahm

2 EL Parmesan, fein gerieben

2 Eier, Größe M

1 Eigelb

Salz, Pfeffer

1 Prise milder Chili, gemahlen

etwas Muskatnuss,
frisch gerieben

6 Wachteleier

Foto s. S. 12/13

1 Für den Boden alle Zutaten (bis auf das Eiweiß) mit 2–3 EL kaltem Wasser zu einem glatten Teig verkneten, einen flachen Ziegel formen, in Klarsichtfolie wickeln und 1 Stunde in den Kühlschrank legen. Den Backofen auf 200 °C Ober-/Unterhitze vorheizen. Tarteform mit Butter einpinseln.

2 Den Teig dünn ausrollen, die Tarteform damit auslegen, den Teig mit einer Gabel einstechen und 30 Minuten in den Kühlschrank stellen. Anschließend wie auf Seite 182 beschrieben 10 Minuten blindbacken. Hülsenfrüchte entfernen und weitere 15 Minuten backen. Mit dem Eiweiß einpinseln und nochmals 1–2 Minuten backen. Herausnehmen, Backofentemperatur auf 175 °C senken.

3 Für die Füllung Kräuterblättchen waschen, abtropfen und fein schneiden. Schinken in kleine Würfel schneiden. Schalotten schälen und in Streifen schneiden. Schalotten bei milder Hitze in einer Pfanne mit der braunen Butter glasig anschwitzen. Kräuter und Schinkenwürfel dazugeben. Alles mit Salz, Pfeffer, Chili und Muskatnuss würzen. Auf dem vorgebackenen Tarteboden verteilen.

4 Für den Guss Crème fraîche mit Sauerrahm, Parmesan, Eiern und Eigelb glatt mixen und mit Salz, Pfeffer, Chili und Muskatnuss würzen. Auf dem Tarteboden über der Kräuter-Schinken-Mischung verteilen. Tarte auf der mittleren Schiene im vorgeheizten Ofen 30–35 Minuten backen. Herausnehmen, abkühlen lassen und in Stücke schneiden.

5 Wachteleier in kochendes Wasser legen, nochmals rasch aufkochen und 2½ Minuten kochen lassen. Mit einer Schaumkelle herausheben, in kaltem Wasser abschrecken, schälen und halbieren. Jedes Tartestück mit je 1 Wachteleihälfte dekorieren.

Tipp Damit das Wachtelei besser auf der Tarte hält, zuerst einen kleinen Tupfen Sauerrahm oder Crème fraîche auf jedes Stück setzen und darauf eine Eierhälfte legen.

Zwiebelkuchen mit Schinken und Oliven

mediterrane Variante des Klassikers

Tarteform, 28 cm Ø

Boden:

70 ml Milch

10 g Hefe

150 g Mehl

1 Eigelb

½ TL Salz, Pfeffer

1 Prise Zucker

je 1 Prise Kümmel und
Koriander, gemahlen

1 Msp. abgeriebene
Bio-Zitronenschale

25 g weiche Butter

Belag:

300 g Zwiebeln

1 EL Olivenöl

70 g roher Schinken,
in dünnen Scheiben

2 Tomaten

150 g Artischocken (Dose),
abgetropft

je 1–2 EL schwarze und grüne
Oliven, ohne Stein

Guss:

150 g Crème fraîche

100 g saure Sahne

2 EL Parmesan, fein gerieben

2 Eier, Größe M

Salz, Pfeffer

1 Prise milder Chili, gemahlen

1 Prise getrockneter Oregano

etwas Muskatnuss,
frisch gerieben

1 Für den Boden Milch in einem Topf lauwarm (30 °C) erhitzen. Hefe mit den Fingern zerbröckeln und in der Milch auflösen. Hefemilch mit Mehl, Eigelb, Salz, Pfeffer, Zucker, Kümmel, Koriander und Zitronenschale zu einem Teig verkneten. Die weiche Butter hinzufügen und einige Minuten weiterkneten, bis ein geschmeidiger Teig entsteht. In eine Schüssel geben, mit Frischhaltefolie bedeckt an einem warmen Ort etwa 1 Stunde gehen lassen. Den Backofen auf 200 °C Ober-/ Unterhitze vorheizen. Tarteform mit Butter einpinseln. Teig dünn ausrollen, die Tarteform damit auslegen. 5 Minuten gehen lassen.

2 Für den Belag Zwiebeln schälen, halbieren oder vierteln, in Streifen schneiden und in einer Pfanne bei milder Temperatur in Olivenöl glasig anschwitzen. Beiseitestellen. Schinken ebenfalls in Streifen schneiden. Tomaten entstrunken, die Oberfläche über Kreuz einritzen, 20 Sekunden in kochendes Wasser tauchen, enthäuten, vierteln, entkernen und in Würfel schneiden. Die Artischocken in Spalten schneiden.

3 Für den Guss Crème fraîche mit saurer Sahne, Parmesan und Eiern glatt rühren. Mit Salz, Pfeffer, Chili, Oregano und Muskatnuss würzen. Zwiebeln, Schinken, Tomaten, Artischocken und Oliven auf dem Teig verteilen und die Eiermasse darübergießen. Zwiebelkuchen im vorgeheizten Ofen auf der untersten Schiene etwa 40 Minuten goldbraun backen. Vor dem Servieren lauwarm auskühlen lassen.

Tipps Nach Belieben können noch 1–2 EL Pinienkerne in einer Pfanne bei mittlerer Hitze goldbraun geröstet, mit 1–2 EL mildem Olivenöl und Basilikumstreifen vermischt und auf der fertig gebackenen, lauwarmen Tarte verteilt werden.
Die runden Tarteformen, für die wir alle Rezepte berechnet haben, sind die am weitesten verbreiteten und ganz klassisch. Aber es gibt inzwischen natürlich auch quadratische und rechteckige Backbehältnisse, wie auch im Foto zu sehen. Dafür muss die Teig- und Füllungsmenge natürlich angepasst werden.

Blauschimmel-Käse-Tarte mit Rotweinbirnen

partytauglich ⚬ gut zu Rotwein

Tarteform, 28 cm Ø

Boden:
1 salziger Mürbeteig,
Grundrezept 1 Seite 176
1 Eiweiß

Füllung:
150 g kräftiger
Blauschimmelkäse
150 g milder Bergkäse oder
Almkäse, frisch gerieben
200 ml Milch
200 g Sahne
3 Eier, Größe M
je 1 Prise Salz, Pfeffer, milder
Chili, gemahlen, und
Muskatnuss, frisch gerieben

Belag:
1 reife, feste Birne
2 TL Puderzucker
100 ml Rotwein
50 ml roter Portwein
1–2 EL Johannisbeergelee

1 Für den Boden wie auf Seite 177 beschrieben einen Teig vorbereiten und kühlen. Backofen auf 200 °C Ober-/Unterhitze vorheizen. Teig dünn ausrollen, in die Form legen, mit einer Gabel einstechen und 30 Minuten in den Kühlschrank stellen. 10 Minuten auf der mittleren Schiene blind backen wie auf Seite 182 beschrieben, Hülsenfrüchte entfernen, weitere 15 Minuten backen. Boden mit Eiweiß einpinseln, nochmals 1–2 Minuten backen, herausnehmen. Backofen auf Temperatur halten.

2 Für die Füllung den Blauschimmelkäse zerbröckeln. Beide Käsesorten auf dem Tarteboden verteilen. Milch, Sahne und Eier mit einem Stabmixer verrühren, mit Salz, Pfeffer, Chili und Muskatnuss würzen. Ei-Sahne-Mischung nochmals kräftig aufschäumen, über dem Käse verteilen. Tarte auf der untersten Schiene im Backofen bei 200 °C in etwa 30 Minuten goldbraun backen. Herausnehmen, abkühlen lassen, aus der Form lösen.

3 Für die Rotweinbirnen die Birne schälen, vierteln, das Kerngehäuse entfernen und in zwölf Spalten schneiden. In einer Pfanne bei milder Hitze Puderzucker hell karamellisieren, Birnenspalten dazugeben, anschwitzen und mit Rotwein und Portwein ablöschen. Johannisbeergelee dazugeben und die Flüssigkeit fast verkochen lassen. Die ausgekühlte Tarte in zwölf Stücke schneiden und auf jedes Stück eine Rotweinbirnenspalte legen.

Tomaten-Mozzarella-Tarte

schmeckt Pizzafans

Tarteform, 28 cm Ø

Boden:
160 g Mehl
80 ml Wasser
6 g Hefe (etwa ⅙ Hefewürfel)
2–3 EL Olivenöl (35 g)
½ TL Salz
20 g Parmesan, fein gerieben
1 TL getrockneter Oregano
Olivenöl

Pesto:
100 g Blattspinat
Salz
1 Bund Basilikum
1 Knoblauchzehe
1 EL Parmesan, fein gerieben
1 EL gemahlene Mandeln,
geröstet
90 ml Olivenöl
30 g braune Butter
(nicht zu heiß; Seite 177)
Pfeffer
etwas Zitronensaft,
frisch gepresst

Belag:
4 Tomaten
3 Kugeln Mozzarella (à 220 g)
Salz, Pfeffer
1 Prise milder Chili, gemahlen

1 Für den Boden aus den Zutaten einen Hefeteig zubereiten wie auf Seite 175 beschrieben, dabei Parmesan und Oregano mit dem Mehl vermengen. Teig zu einer Kugel formen, mit Klarsichtfolie bedecken und 30 Minuten an einem warmen Ort gehen lassen. Eine Tarteform mit Olivenöl einpinseln und den Backofen auf 200 °C Ober-/Unterhitze vorheizen.

2 Hefeteig auf einer bemehlten Arbeitsfläche dünn ausrollen, die Tarteform damit auslegen und nochmals 5 bis 10 Minuten gehen lassen. Boden mit einer Gabel mehrmals einstechen und mit Olivenöl einpinseln. Im vorgeheizten Backofen auf der mittleren Schiene in 15–20 Minuten goldbraun backen.

3 Für das Pesto den Spinat in Salzwasser kurz aufkochen, in kaltem Wasser abschrecken, mit den Händen gut ausdrücken und klein schneiden. Spinat mit Basilikum, Knoblauch, Parmesan, Mandeln, Öl und Butter im Mixer pürieren und mit Salz, Pfeffer und Zitronensaft würzen. 3 EL des Pestos auf den Tarteboden streichen.

4 Für den Belag Tomaten waschen, entstrunken und in Scheiben schneiden. Mozzarella ebenfalls in Scheiben schneiden. Beides abwechselnd in den Tarteboden legen, mit Salz, Pfeffer und Chili würzen, mit Pesto beträufeln und sofort servieren.

Tipp Nach Belieben kann der mit Tomaten und Mozzarella belegte Boden zum Anwärmen für 2–3 Minuten bei 200 °C noch mal in den Backofen geschoben werden.

Gedeckte Hackfleischtarte mit Spinat

partytauglich

Tarteform, 28 cm Ø

Belag:
150 g Blattspinat
Salz
80 g Toastbrot,
in Würfel geschnitten
100 ml Milch
3 EL Sahne
½ Zwiebel, in feine
Würfel geschnitten
1 EL Öl
2 Eier, Größe M
1 Eiweiß
Pfeffer
1 Prise milder Chili, gemahlen
2 TL scharfer Senf
Muskatnuss, frisch gerieben
abgeriebene Schale von
½ Bio-Zitrone
1 Msp. abgeriebene
Bio-Orangenschale
250 g Kalbshackfleisch
250 g Schweinehackfleisch
2 TL getrockneter Majoran
1 Knoblauchzehe, gehackt
2 EL Petersilie, grob gehackt

Boden:
500 g Fertig-Blätterteig
(Kühlregal oder tiefgekühlt)
1 Eigelb
1 EL Sahne

1 Für den Belag Spinat putzen, gründlich waschen und abtropfen lassen. In Salzwasser einmal aufkochen, auf einem Sieb abgießen, in kaltem Wasser abschrecken, abtropfen lassen und mit den Händen das Wasser gut herausdrücken. Spinat klein schneiden. Toastbrotwürfel in einer Schüssel mit Milch und Sahne mischen. Zwiebelwürfel in einer Pfanne bei milder Hitze im Öl glasig anschwitzen. Eier und Eiweiß mit Salz, Pfeffer, Chili, Senf, Muskatnuss, Zitronen- und Orangenabrieb verquirlen, zum Toastbrot geben. Beide Hackfleischsorten mit Spinat, Zwiebel, Majoran, Knoblauch und Petersilie ebenfalls zum Brot geben, alles vermengen.

2 Für den Boden die Tarteform mit Butter einpinseln. Den Backofen auf 200 °C Ober-/Unterhitze vorheizen. Die Hälfte des Blätterteiges zu einer runden Platte von etwa 35 cm Durchmesser ausrollen. Die Tarteform damit auslegen (Rand hängt über!). Die Hackfleischmasse einfüllen, glatt streichen und den Teigrand nach innen schlagen. Eigelb mit Sahne verrühren, den Rand damit einpinseln.

3 Den übrigen Blätterteig zu einer runden Platte von 28 cm Durchmesser ausrollen und auf die Hackfleischmasse legen. Die Oberfläche ebenfall mit der Ei-Sahne-Mischung einpinseln, mit einem Messerrücken oder einer Gabel nach Belieben Muster ziehen. Im vorgeheizten Backofen auf der mittleren Schiene etwa 50 Minuten backen.

Tipps Um den Geschmack der Fleischfülle vor dem Backen optimal abzustimmen, ist es möglich, aus der Masse eine Probefrikadelle zu formen und in der Pfanne zu braten.
Wird die gedeckte Hackfleischtarte in einer länglichen, rechteckigen Form wie auf dem Foto gebacken, lässt sie sich am besten in strudelähnlichen Streifen servieren.

Kleine Tartes mit Gänselebermousse

ohne Backen ❧ festliche Vorspeise

6 Metallbackringe, 8 cm Ø

Boden:
6 dünne Scheiben Brioche

Füllung:
350 g Gänseleber
½ TL Zucker
100 g kalte Butter
1 Prise getrockneter Majoran
1 Prise Quatre-épices
(Gewürzmischung aus Pfeffer,
Ingwer, Muskat, Zimt,
Koriander, Gewürznelken;
ersatzweise Piment)
1 Prise milder Chili, gemahlen
20 ml Cognac
20 ml Portwein
1 EL Apfelgelee
je 1 Streifen Bio-Orangen-
und Bio-Zitronenschale
130 g Sahne
Salz
etwas Piment, gemahlen
etwas getrockneter Majoran

Gelee:
1½ Blatt Gelatine
20 g Zucker
100 ml roter Portwein
50 ml Cognac

1 Für die Böden Briochescheiben mit einem Backring in Törtchen-größe ausstechen, toasten und in die Ringe legen.

2 Für die Füllung Gänseleber säubern und in Stücke mit 2 cm Seiten-länge schneiden. Zucker in einer Pfanne bei milder Hitze karamellisie-ren lassen, Leberstücke und 30 g Butter dazugeben. Alles mit Majoran, Quartre-épices und Chili würzen und 1–2 Minuten braten. Mit Cognac und Portwein ablöschen, Apfelgelee unterrühren, Zitrusschalen dazugeben, mit Sahne aufgießen, nur etwas erwärmen und salzen. Kurz stehen lassen und die Zitrusschalen wieder entfernen.

3 Lebermasse in einem Mixer mit der restlichen Butter (70 g) gut pürieren. Nach Belieben die Masse durch ein feines Sieb streichen, nochmals mit Salz, Piment und Majoran abschmecken. Lebermousse bis zu drei Vierteln der Höhe in die Backringe füllen, glatt streichen und im Kühlschrank 30 Minuten fest werden lassen.

4 Für das Gelee die Gelatine in kaltem Wasser einweichen. Zucker, Portwein und Cognac in einem kleinen Topf bei milder Hitze zum Köcheln bringen, Topf vom Herd nehmen, Gelatine ausdrücken und in der heißen Flüssigkeit auflösen. Das Gelee bei Zimmertemperatur abkühlen lassen. Die Ringe aus dem Kühlschrank nehmen und das abgekühlte, aber noch flüssige Gelee etwa 5 mm hoch auf die Mousse gießen. Bis zum Servieren für mindestens 30 Minuten in den Kühl-schrank stellen.

Tipp Statt Gänseleber, die nicht jedermanns Geschmack ist, kann auch Entenleber verwendet werden. Auch Hühnerleber eignet sich gut für diese Tartelettes.

Meerrettichtarte mit geräuchertem Lachs

frisch ✑ braucht Zeit

Springform, 28 cm Ø

Boden:

1 salziger Mürbeteig,
Grundrezept 1 Seite 176
1 Prise milder Chili, gemahlen

Füllung:

400 ml Gemüsebrühe
2 cm frische Ingwerwurzel,
geschält
2 Streifen Bio-Zitronenschale
1 Knoblauchzehe, halbiert
6 Blatt Gelatine
80 g Sahnemeerrettich
(aus dem Glas)
200 g Sahne
ein paar Tropfen Zitronensaft
Salz
1 Prise Zucker
1 Prise milder Chili, gemahlen

Belag:

1 kleine Salatgurke (400 g),
geschält
Salz
150 ml Gemüsebrühe
3 Blatt Gelatine
Pfeffer
1 Prise Zucker
1 Prise milder Chili, gemahlen
1 TL Weißweinessig
2 TL Dill, fein geschnitten
6 Scheiben Räucherlachs

1 Für den Boden wie auf Seite 177 beschrieben unter Zufügen des Chilis einen Teig vorbereiten, ausrollen und als Boden in die Springform legen, mit einer Gabel mehrmals einstechen und 30 Minuten kühlen. Keinen Rand hochziehen! Den Backofen auf 200 °C Ober-/Unterhitze vorheizen. Tarteboden auf der mittleren Schiene etwa 20 Minuten backen, in der Form auskühlen lassen.

2 Für die Füllung Brühe mit Ingwer einmal aufkochen lassen, vom Herd nehmen, Zitronenschale und Knoblauch hineingeben, einige Minuten ziehen lassen und wieder entfernen. Gelatine in kaltem Wasser einweichen, gut ausdrücken und in der warmen Brühe auflösen. Meerrettich in die Brühe rühren. Schüssel auf Eiswasser setzen und die Masse kalt rühren, bis sie anfängt zu gelieren.

3 Die Sahne halbsteif schlagen, unter das Gelee heben und mit ein paar Tropfen Zitronensaft, Salz, Zucker und Chili abschmecken. Die Mousse auf Tarteboden gießen, glatt streichen und im Kühlschrank 1 Stunde kühlen.

4 Für den Belag Salatgurke schälen, quer in 3–4 Stücke teilen. Diese jeweils auf die Schnittstelle legen, mit einem scharfen Messer in 3 mm dicke Scheiben schneiden oder auf dem Gemüsehobel zu langen Scheiben hobeln, die Kerne dabei übrig lassen. Das Gurkenfleisch zunächst in dünne Streifen, dann in kleine Würfel schneiden. In Salzwasser in 1–2 Minuten fast weich köcheln, in kaltem Wasser abschrecken und auf einem Sieb abtropfen lassen. Die Kerne mit 100 ml Brühe mit dem Stabmixer aufmixen und durch ein feines Sieb passieren.

5 Die übrigen 50 ml Brühe erwärmen, die Gelatine in kaltem Wasser einweichen, gut ausdrücken, in der warmen Brühe auflösen und mit der Gurkenbrühe mischen. Mit Salz, Pfeffer, Zucker, Chili und dem Essig abschmecken und auf Raumtemperatur abkühlen lassen. Mit der Gurkenbrühe, den Gurkenwürfeln und dem Dill vermischen, nachwürzen. Auf der Tarte verteilen und im Kühlschrank 1 Stunde fest werden lassen. Die Tarte in zwölf Stücke teilen, jedes Stück mit einer halben Scheibe Räucherlachs garnieren.

Flammkuchen mit Zwiebeln und Speck

nicht nur zum jungen Wein

2 Backbleche

Boden:
1 salziger Hefeteig,
Grundrezept Seite 175

Gebackener Belag:
3 Zwiebeln
100 ml Gemüsebrühe
2 Tomaten
300 g Sauerrahm
Salz
1 Prise milder Chili, gemahlen
1 TL getrocknetes Bohnenkraut
je 1 TL Koriandersamen,
Kümmelsamen und
Pfefferkörner
¼ TL Zimtsplitter

Frischer Belag:
200 g Frühstücksspeck
1 EL Öl
3–4 Radieschen
50 g kleine Salatblätter, geputzt
70 ml Gemüsebrühe
½ TL scharfer Senf
1–2 EL Rotweinessig
3 EL mildes Olivenöl
oder Rapsöl
Salz, Pfeffer
1 Prise Zucker

1 Den Teig für den Boden wie auf Seite 175 beschrieben zubereiten, in vier gleich große Stücke teilen, zu Kugeln formen, mit Klarsichtfolie bedecken. 30 Minuten gehen lassen. Dann den Teig zu vier sehr dünnen, ovalen Fladen ausrollen und auf zwei gefettete Backbleche legen. Den Backofen auf 210 °C Ober-/Unterhitze vorheizen.

2 Für den gebackenen Belag Zwiebeln schälen und in Streifen schneiden. In einer Pfanne die Zwiebelstreifen in der Brühe weich köcheln, bis die Flüssigkeit vollständig verkocht ist. Tomaten entstrunken, die Oberfläche über Kreuz einritzen, 20 Sekunden in kochendes Wasser tauchen, enthäuten, vierteln, entkernen und das Tomatenfleisch in Würfel schneiden. Sauerrahm mit Salz, Chili und Bohnenkraut würzen.

3 Koriander, Kümmel, Pfeffer und Zimt in eine Gewürzmühle füllen und ein wenig von der Mischung auf die Fladen mahlen. Sauerrahm aufstreichen, dabei 1 cm Rand frei lassen. Zwiebeln mit den Tomatenwürfeln auf den Sauerrahm verteilen. Fladen im vorgeheizten Backofen auf der untersten Schiene 20 Minuten backen.

4 Für den frischen Belag Speck in 2 cm breite Streifen schneiden, in einer Pfanne in 1 EL Öl knusprig braten und auf Küchenpapier entfetten. Die Radieschen putzen, waschen und in dünne Scheiben hobeln, die Salatblätter waschen und abtropfen lassen. Brühe mit Senf, Essig und Öl glatt mixen und mit Salz, Pfeffer und Zucker würzen. Salatblätter und Radieschen mit 1–2 EL des Dressings marinieren, alles auf dem frisch gebackenen Flammkuchen verteilen und mit dem Speck bestreuen. Sofort servieren.

Tipp Das übrige Dressing passt wunderbar zu jedem Salat und hält sich in einem Schraubglas im Kühlschrank eine Woche.

Ziegenkäsetarte mit Feigen

partytauglich ♨ auch als Käsedessert

Tarteform, 28 cm Ø

Boden:
1 salziger Mürbeteig,
Grundrezept 2 Seite 176
1 Eiweiß

Füllung:
300 g Ziegenkäserolle
80 g getrocknete Datteln,
entsteint

Guss:
120 g Frischkäse
120 g Sahne
4 EL Milch
1 Msp. Knoblauch, fein gehackt
2 Eier, Größe M
1 Eigelb
1 TL Rosmarinnadeln, gehackt
½ TL abgeriebene Bio-
Zitronenschale
Salz, Pfeffer
1 Prise milder Chili, gemahlen
etwas Muskatnuss, frisch
gerieben

Belag:
3 Feigen
1–2 EL mildes Olivenöl

1 Für den Boden einen Mürbeteig wie auf Seite 177 zubereiten und in die Form geben. Teig mit einer Gabel mehrmals einstechen. Den Backofen auf 200 °C Ober-/Unterhitze vorheizen, den Boden wie auf Seite 182 beschrieben 10 Minuten blindbacken. Hülsenfrüchte entfernen, weitere 15 Minuten backen, mit Eiweiß einstreichen, nochmals 1–2 Minuten backen. Tarteboden herausnehmen und die Backofentemperatur halten.

2 Für die Füllung Ziegenkäse in etwa 5 mm dicke Scheiben schneiden und nebeneinander dicht auf den Tarteboden legen. Die Datteln klein schneiden und dazwischen verteilen.

3 Für den Guss Frischkäse mit Sahne, Milch, Knoblauch, Eiern und Eigelb mit dem Stabmixer durchmixen und mit Rosmarin, Zitronenabrieb, Salz, Pfeffer, Chili und Muskatnuss würzen. Auf die Füllung gießen und verteilen. Die Tarte auf der untersten Schiene in den vorgeheizten Backofen schieben und 30 Minuten backen.

4 Für den Belag die Feigen in Scheiben schneiden, mit Olivenöl einpinseln, mit etwas Pfeffer bestreuen und dekorativ auf die fertig gebackene Tarte legen.

Variante Wer keinen Ziegenkäse mag, kann stattdessen Weinbergkäse nehmen.

Safrantarte mit marinierten Meeresfrüchten

gut als Vorspeise

Tarteform, 28 cm Ø

Boden:
1 Quicheteig,
Grundrezept Seite 176
1 Eiweiß

Füllung:
1 Knoblauchzehe
5 EL Weißwein
60 ml Gemüsebrühe
1 Thymianzweig
1 Tütchen Safranfäden (0,1 g)
150 g Frischkäse
150 ml Milch
75 g Sahne
3 Eier, Größe M
1 Eigelb
Salz
etwas milder Chili, gemahlen
Anislikör

1 Für den Boden einen Quicheteig wie auf Seite 177 beschrieben zubereiten und in die Form geben, Teig mit einer Gabel mehrmals einstechen. Den Backofen auf 200 °C Ober-/Unterhitze vorheizen und den Boden wie auf Seite 182 beschrieben 10 Minuten blindbacken. Hülsenfrüchte entfernen, weitere 15 Minuten backen, mit Eiweiß einstreichen, nochmals 1–2 Minuten backen. Herausnehmen, Backofentemperatur auf 150 °C reduzieren.

2 Für die Füllung Knoblauch schälen und in Scheiben schneiden. Weißwein in einem kleinen Topf bei milder Hitze einköcheln lassen, die Gemüsebrühe dazugeben, vom Herd nehmen. Thymian, Knoblauch und Safranfäden hineingeben und einige Minuten darin ziehen lassen. Frischkäse, Milch und Sahne in Topf geben und alles erhitzen. Vom Herd nehmen, lauwarm auskühlen lassen und den Thymian entfernen.

3 Eier und Eigelb in die Frischkäsemischung mixen und mit Salz, Chili und ein paar Tropfen Anislikör abschmecken. Masse auf den Tarteboden geben, alles in den vorgeheizten Backofen schieben und auf der untersten Schiene 40–45 Minuten backen. Herausnehmen und auskühlen lassen.

Belag:

300 g Venusmuscheln
Salz
150 g gekochte Krabben
in Lake (Kühlregal)
150 g Oktopus, gegart
¼ Fenchelknolle
1 kleine Möhre
5 EL Gemüsebrühe
1 EL Zitronensaft, frisch gepresst
3 EL mildes Olivenöl
1 Knoblauchzehe
1 Scheibe Ingwer
1 Prise milder Chili, gemahlen
1 EL Petersilie, fein geschnitten
½–1 TL abgeriebene
Bio-Zitronenschale
½–1 TL abgeriebene
Bio-Orangenschale
Pfeffer

4 Für den Belag die Muscheln in kaltes Wasser legen und geöffnete Exemplare entfernen. In einem Topf Wasser aufkochen, kräftig salzen, die Muscheln hineingeben und mit einer Schaumkelle herausheben, sobald sie sich geöffnet haben. Geschlossene Exemplare wegwerfen. zwölf Muscheln mit Schale für die Garnitur beiseitelegen, den Rest auslösen. Krabben in ein Sieb schütten, abwaschen und abtropfen lassen. Oktopus in Scheiben schneiden. Fenchel putzen, waschen und fein hobeln. Möhre schälen und fein hobeln.

5 Gemüsebrühe mit Zitronensaft und Olivenöl in einem Topf etwas erwärmen. Knoblauch und Ingwer schälen und klein schneiden. Knoblauch, Ingwer, Chili, Petersilie, Zitronen- und Orangenschale zum Würzsud im Topf geben, mit Salz und Pfeffer abschmecken und vom Herd nehmen. Ausgelöste Muscheln, Krabben, Oktopusscheiben, Möhren- und Fenchelscheiben in die Marinade geben und 10 Minuten ziehen lassen.

6 Tarte in zwölf Stücke schneiden und auf Tellern anrichten. Die marinierten Meeresfrüchte aus der Marinade nehmen, abtropfen lassen, Ingwer und Knoblauch entfernen und die Meeresfrüchte auf den Tartestücken verteilen. Auf jedes Tartestück eine der beiseitegelegten Muscheln mitsamt der Schale setzen. Sofort servieren.

Sauerkrauttarte mit geräuchertem Paprika

für hungrige Männer 🍺 passt gut zu Bier

Tarteform, 28 cm Ø

Boden:

1 Quicheteig,
Grundrezept Seite 176

1 Eiweiß

Füllung:

100 g Kabanossi

1 Zwiebel

100 ml Gemüsebrühe

350 g Sauerkraut
(Dose; verzehrfertig)

2 EL Apfelmus

1 EL Pimentón de la Vera
picante (spanisches
Paprikapulver mit Raucharoma;
ersatzweise Rosenpaprika und
etwas Rauchsalz)

200 g Crème fraîche

100 g Sauerrahm

2 Eier, Größe M

1 Eigelb

Salz, Pfeffer

etwas Muskatnuss,
frisch gerieben

1 Für den Boden einen Quicheteig wie auf Seite 177 beschrieben zubereiten und in die Form geben, Teig mit einer Gabel mehrmals einstechen. Den Backofen auf 200 °C Ober-/Unterhitze vorheizen und den Boden wie auf Seite 182 beschrieben 10 Minuten blindbacken. Hülsenfrüchte entfernen, weitere 15 Minuten backen, mit Eiweiß einstreichen, nochmals 1–2 Minuten backen. Herausnehmen, Backofentemperatur auf 175 °C reduzieren.

2 Für die Füllung Kabanossi in dünne Scheiben schneiden. Zwiebel schälen und in kleine Würfel schneiden. Gemüsebrühe in einem Topf erwärmen und Zwiebelwürfel darin andünsten. Sauerkraut dazugeben und alles einmal aufkochen lassen. Die Brühe darf dabei weitgehend verkochen. Apfelmus und Kabanossischeiben unterheben. Mit dem geräucherten Paprikapulver würzen.

3 Crème fraîche, Sauerrahm, Eier und Eigelb mit dem Stabmixer aufmixen, mit Salz, Pfeffer und Muskatnuss würzen. Eimischung mit dem Sauerkraut vermengen und nochmals abschmecken. Alles auf dem Tarteboden verteilen. Dafür sorgen, dass ein paar Kabanossischeiben dekorativ obenauf liegen. Tarte auf die unterste Schiene im vorgeheizten Ofen schieben und 40 Minuten backen.

Variante Wer etwas Fett sparen möchte, verwendet statt der Kabanossi 100 g würzigen rohen Schinken und statt der Crème fraîche 200 g stichfesten Sauerrahm oder Schmand.

Knoblauchtarte mit gebratenen Garnelen

perfekt für Gäste

Tarteform, 28 cm Ø

Boden:

1 Quicheteig,
Grundrezept Seite 176
1 Eiweiß

Füllung:

15 Knoblauchzehen
80 ml Weißwein
100 g junger Spinat
400 g Frischkäse
200 ml Milch
100 g Sahne
3 Eigelb
2 Eier, Größe M
½ TL Ingwerwurzel,
geschält und gehackt
Salz, Pfeffer
1 Prise milder Chili, gemahlen
etwas Muskatnuss,
frisch gerieben

Belag:

12 Riesengarnelen
3 EL Olivenöl
½ – 1 EL eingelegter Ingwer
1 Splitter Zimtrinde
Mark von ½ Vanilleschote
1 TL abgeriebene Bio-
Zitronenschale
1 TL abgeriebene Bio-
Orangenschale
1 EL Petersilie, fein geschnitten
etwas mildes Chilisalz

1 Für den Boden einen Quicheteig wie auf Seite 177 beschrieben zubereiten, in die Form geben und Teig mit einer Gabel mehrmals einstechen. Den Backofen auf 200 °C Ober-/Unterhitze vorheizen und den Boden wie auf Seite 182 beschrieben 10 Minuten blindbacken. Hülsenfrüchte entfernen, weitere 15 Minuten backen, mit Eiweiß einstreichen, nochmals 1–2 Minuten backen. Herausnehmen, Backofentemperatur auf 175 °C reduzieren.

2 Für die Füllung ungeschälte Knoblauchzehen auf ein Backblech legen, 15 Minuten im vorgeheizten Ofen garen und dann schälen. Weißwein in einem Töpfchen bis auf 1 EL einköcheln lassen. Spinat putzen, waschen, gut abtropfen lassen und auf dem Teigboden verteilen.

3 Frischkäse, Milch, Sahne, eingekochten Weißwein, Eigelb, Eier, Ingwer und Knoblauchzehen mit dem Stabmixer glatt mixen und mit Salz, Pfeffer, Chili und Muskatnuss würzen. Auf den Spinat im Tarteboden geben. Im vorgeheizten Backofen auf der mittleren Schiene in 35 Minuten fest werden lassen. Tarte herausnehmen, auskühlen lassen und in zwölf Stücke teilen.

4 Für den Belag die Garnelen schälen, entdarmen und an der dicken Seite gut ein Drittel einschneiden. In einer Pfanne bei mittlerer Hitze in 1 EL Öl auf beiden Seiten gut 1 Minute anbraten, die Pfanne vom Herd ziehen und in der Nachhitze saftig durchziehen lassen. Ingwer klein schneiden, mit 2 EL Olivenöl, Zimt, Vanillemark, Zitronen- und Orangenschale und Petersilie zu den Garnelen in die Pfanne geben. Alles mit Chilisalz würzen. Die Garnelen in den Gewürzen wenden und je 2 Garnelen auf jedes Tartestück legen.

Tipp Garnelen immer nur kurz bei sanfter Hitze garen, sonst werden sie zäh und trocken.

Kichererbsentarte mit Sesam

pikant ⚭ perfekt zu Bier

Tarteform, 28 cm Ø

Boden:
120 g Mehl
100 g Kichererbsenmehl
90 g kalte Butter in Flocken
1 Prise Salz
70 ml kaltes Wasser
1 EL Weinessig
1 Eiweiß

Füllung:
1 kleine Zwiebel
1 Stange Staudensellerie
1 Möhre
1 kleine Dose gekochte Kichererbsen (Abtropfgewicht 260 g)
150 ml Gemüsebrühe
1 Lorbeerblatt
1 Knoblauchzehe, halbiert
1 Scheibe Ingwerwurzel, geschält
1 Streifen Bio-Zitronenschale
200 g Frischkäse
100 g Sahne
3 Eier, Größe M
1 Eigelb
1 TL Pimentkörner
¼–½ TL Zimtrindensplitter
1 TL Kreuzkümmelsamen
1 TL grob gemahlener Pfeffer
Salz
1 Prise milder Chili, gemahlen
1 Regensburger Wurst (ersatzweise
80 g einfache Fleischwurst)
2 EL Sesamsaat

1 Für den Teig alle Zutaten wie bei einem Mürbeteig (Seite 177; bis auf das Eiweiß) zu einem glatten Teig verarbeiten, zu einem Ziegel formen, in Klarsichtfolie wickeln und 1 Stunde in den Kühlschrank legen. Die Tarteform mit Butter einpinseln. Den Teig dünn ausrollen, die Form damit auslegen, mit einer Gabel mehrmals einstechen und wieder 30 Minuten in den Kühlschrank stellen.

2 Den Backofen auf 200 °C Ober-/Unterhitze vorheizen. Boden wie auf Seite 182 beschrieben 10 Minuten blindbacken, Hülsenfrüchte entfernen und nochmals 15 Minuten backen. Mit Eiweiß einpinseln und weitere 1–2 Minuten backen. Tarte herausnehmen, Backofen-temperatur halten.

3 Für die Füllung Zwiebel schälen und klein würfeln. Selleriestange waschen und in dünne Scheiben hobeln. Möhre schälen und in dünne Scheiben hobeln. Kichererbsen in einem Sieb abtropfen lassen. Zwiebelwürfel, Selleriescheiben, Möhrenscheiben und Kichererbsen in einen Topf geben und mit der Gemüsebrühe erhitzen. Lorbeerblatt einlegen und zugedeckt 10 Minuten ziehen lassen. Knoblauch, Ingwer und Zitronenschale dazugeben. Alles einige Minuten ziehen lassen. Knoblauch, Ingwer, Zitronenschale und Lorbeerblatt entfernen.

4 Das Gemüse auf einem Sieb abgießen, die Flüssigkeit entfernen. 100 g des Gemüses mit Frischkäse, Sahne, Eiern und Eigelb mit dem Stabmixer pürieren, beiseitestellen. Piment, Zimt, Kreuzkümmel und Pfeffer in eine Gewürzmühle oder einen Mörser füllen und zermahlen. Eiermasse mit der Gewürzmischung, mit Salz und Chili abschmecken.

5 Wurst enthäuten und in Würfel mit 5 mm Seitenlänge schneiden. Eiermasse mit dem Gemüse und der Wurst mischen, alles auf dem Tarteboden verteilen und glatt streichen. Im vorgeheizten Ofen auf der untersten Schiene 30 Minuten backen. Sesamsaat in einer Pfanne ohne Fett goldbraun rösten und auf die fertig gebackene Tarte streuen.

Die Außer-gewöhnlichen

Steinpilztarte mit Liebstöckel

auch als Vorspeise perfekt

Tarteform, 28 cm Ø

Boden

1 Käsemürbeteig, Grund-
rezept Seite 176, mit 2 EL
getrocknetem Liebstöckel
(anstelle Oregano)
1 Eiweiß

Guss:

100 g Frischkäse
100 g Sahne
50 ml Milch
2 Eier, Größe M
60 g Parmesan, fein gerieben
1 EL Liebstöckelblättchen,
fein geschnitten
Salz, Pfeffer
1 Prise milder Chili, gemahlen
etwas Muskatnuss,
frisch gerieben

Füllung:

400 g Steinpilze
(ersatzweise gemischte Pilze)
1–2 EL braune Butter
(Seite 177)
etwas mildes Chilisalz
1 Prise Kümmel, gemahlen
½ TL abgeriebene Bio-
Zitronenschale

Foto s. S. 40/41

1 Für den Boden einen Käsemürbeteig wie auf Seite 177 zubereiten. Dabei Liebstöckel statt des Oreganos verwenden. Teig ausrollen und in die Form geben, mit einer Gabel mehrmals einstechen. Den Backofen auf 200 °C Ober-/Unterhitze vorheizen und den Boden wie auf Seite 182 beschrieben 10 Minuten blindbacken. Hülsenfrüchte entfernen, weitere 15 Minuten backen, mit Eiweiß einstreichen, nochmals 1–2 Minuten backen. Tarteboden herausnehmen und die Backofentemperatur halten.

2 Für den Guss Frischkäse mit Sahne, Milch, Eiern und Parmesan mit dem Handrührer aufschlagen, Liebstöckel hineinrühren und die Frischkäse-Eier-Mischung mit Salz, Pfeffer, Chili und Muskatnuss würzen. Beiseitestellen.

3 Die Steinpilze putzen und in 5 mm dicke Scheiben schneiden. In einer Pfanne in der braunen Butter 2–3 Minuten anbraten und mit Chilisalz, etwas gemahlenem Kümmel und Zitronenschale würzen. Vom Herd ziehen.

4 Die Hälfte des Gusses in den vorgebackenen Boden füllen, die Pilze darauf verteilen und den restlichen Guss darübergießen. Die Tarte auf die unterste Schiene in den vorgeheizten Backofen schieben und etwa 40 Minuten backen, bis die Füllung fest ist.

Variante Für eine *Champignontarte* lässt sich die Füllung statt mit Waldpilzen auch gut mit frischen Egerlingen oder Champignons zubereiten.

Teufelstarte mit Kidneybohnen

scharfe Sache

Tarteform, 28 cm Ø

Boden:
1 Quicheteig,
Grundrezept Seite 176
1 Eiweiß

Füllung:
1 rote Paprikaschote
1 gelbe Paprikaschote
1 Zwiebel
150 g Pizzatomaten (Dose)
100 g scharfe Kabanossi
1 EL mildes Olivenöl
100 g Kidneybohnen,
abgetropft (Dose)
Salz, Pfeffer
Vanillesalz
etwas milder Chili, gemahlen
1 gestrichener TL getrocknetes
Bohnenkraut
1 Prise Zucker
1 Prise Zimtsplitter, gemahlen

Guss:
150 g Frischkäse
200 g Sahne
3 Eier, Größe M
1 Eigelb
1 Knoblauchzehe,
geschält und gehackt
1 TL Ingwerwurzel,
geschält und gehackt
Salz
Chili nach Geschmack

Foto s. S. 40/41

1 Für den Boden einen Quicheteig wie auf Seite 177 beschrieben zubereiten und in die Form geben, Teig mit einer Gabel mehrmals einstechen. Den Backofen auf 200 °C Ober-/Unterhitze vorheizen und den Boden wie auf Seite 182 beschrieben 10 Minuten blindbacken. Hülsenfrüchte entfernen, weitere 15 Minuten backen, mit Eiweiß einstreichen, nochmals 1–2 Minuten backen. Herausnehmen, Backofentemperatur auf 175 °C reduzieren.

2 Paprikaschoten waschen, vierteln, entstrunken, entkernen, mit einem Sparschäler schälen und in Streifen schneiden. Zwiebel schälen und in Streifen schneiden. Pizzatomaten auf einem Sieb abtropfen lassen, Flüssigkeit für den Guss auffangen. Kabanossi in dünne Scheiben schneiden.

3 Zwiebel- und Paprikastreifen in einer tiefen Pfanne im Öl anschwitzen. Die Pfanne vom Herd nehmen, die Tomatenstücke mit der Wurst und den Kidneybohnen dazugeben. Alles mit Salz, Pfeffer, Vanillesalz, Chili, Bohnenkraut, Zucker und Zimt würzen. Auf dem Tarteboden verteilen.

4 Für den Guss die abgetropfte Tomatenflüssigkeit mit Frischkäse, Sahne, Eiern und Eigelb mit dem Handrührer aufschlagen. Knoblauch und Ingwer hineinrühren. Kräftig mit Salz und reichlich Chili würzen. Auf das Gemüse gießen. Tarte im vorgeheizten Backofen auf der untersten Schiene 40–45 Minuten backen.

Frühlingsgemüsetarte mit Kartoffelteig

vegetarisch

Tarteform, 28 cm Ø

Boden:

200 g Kartoffeln
100 g Möhren
50 g Hartweizengrieß
1 EL Speisestärke
1 gestr. TL Salz
1 Prise getrockneter Liebstöckel
1 Ei, Größe M

Füllung:

1 TL Koriandersamen
1 junge Zwiebel (oder
1 Schalotte)
1 kleiner Kohlrabi (200 g)
3 junge Möhren (150 g)
150 g weiße Mairübchen
125 ml Gemüsebrühe
1 Knoblauchzehe, halbiert
1 Scheibe frischer Ingwer,
geschält
1 Streifen Bio-Zitronenschale
100 g Erbsen (tiefgekühlt)
Salz, Pfeffer

Guss:

150 g Frischkäse
150 g Sahne
75 ml Milch
3 Eier, Größe M
Salz, Pfeffer
1 Prise milder Chili, gemahlen
1 Prise getrockneter Liebstöckel
etwas Muskatnuss,
frisch gerieben

1 Den Backofen auf 200 °C Ober-/Unterhitze vorheizen. Für den Boden Kartoffeln und Möhren schälen und fein reiben. Grieß mit Speisestärke, Salz und Liebstöckel vermischen, mit dem Ei unter Kartoffeln und Möhren mengen.

2 Tarteform mit Öl einpinseln und mit Backpapier auslegen, den Rand mit etwas Mehl oder Grieß bestäuben. Kartoffelmasse einfüllen, gleichmäßig dünn darin verteilen und festdrücken. Einen Rand hochdrücken. Im vorgeheizten Backofen auf der mittleren Schiene sofort in 25–30 Minuten goldbraun vorbacken. Herausnehmen, Backofentemperatur halten.

3 Für die Füllung Koriander in einer beschichteten Pfanne bei milder Hitze anrösten, bis er zu duften beginnt. Auskühlen lassen und fein mahlen (z.B. mit Gewürzmühle, Kaffeemühle oder im Mörser). Zwiebel schälen und in Streifen schneiden. Kohlrabi und Möhren schälen, Kohlrabi in dünne Spalten schneiden, Möhren längs halbieren oder je nach Dicke vierteln. Rübchen putzen, waschen und je nach Größe halbieren oder in Spalten schneiden.

4 Das Gemüse in einer tiefen Pfanne bei milder Hitze in der Gemüsebrühe mit Knoblauch, Ingwer und Zitronenschale andünsten, bis die Flüssigkeit verkocht ist. Erbsen dazugeben. Mit Salz, Pfeffer und dem Koriander würzen und das Gemüse auf dem Tarteboden verteilen.

5 Für den Guss mit dem Stabmixer Frischkäse mit Sahne, Milch und Eiern glatt mixen und mit Salz, Pfeffer, Chili, Liebstöckel und Muskatnuss kräftig würzen. Auf dem Gemüse verteilen und im vorgeheizten Backofen auf der untersten Schiene 25–30 Minuten backen.

Tipp Statt Hartweizengrieß eignet sich auch Polenta. Anstelle von Liebstöckel, das sicher nicht jeder im Gewürzregal hat, eignet sich auch getrocknetes Bohnenkraut zum Würzen des Tartebodens und der Füllung. Nach Belieben kann außerdem der Guss mit 1 Handvoll frisch geriebenem Parmesan verfeinert werden.

Herbstgemüsetarte mit Maronen

ungewöhnliche Zutaten

Tarteform, 28 cm Ø

Boden:
150 g Mehl
70 g Maronenmehl
(Reformhaus, Bioladen)
90 g kalte Butter, in Stückchen
1 gestr. TL Salz
1 EL Weinessig
1 Eiweiß

Füllung:
1 Schwarzwurzel (150 g)
je 1 gelbe und orangefarbene
Möhre (insgesamt 250 g)
1 Petersilienwurzel (150 g)
Salz
150 g Maronen,
gekocht, geschält
150 g Räucherspeck,
in Scheiben
1 EL Öl

Guss:
1–2 TL Koriandersamen
200 g Frischkäse
150 g Vollmilch
80 g Parmesan, fein gerieben
2 Eier, Größe M
1 Eigelb
Salz, Pfeffer
1 Prise milder Chili, gemahlen
etwas Muskatnuss,
frisch gerieben

1 Für den Boden alle Zutaten unter Zugabe von 80 ml kaltem Wasser rasch mit den Händen zu einem glatten Teig verarbeiten. (Zur Zubereitung von Mürbeteig siehe auch Seite 177.) Zu einem Ziegel formen, in Klarsichtfolie wickeln. 1 Stunde in den Kühlschrank legen. Backofen auf 200 °C Ober-/Unterhitze vorheizen.

2 Tarteform mit Butter einpinseln. Teig dünn ausrollen, Form damit auslegen, mit einer Gabel mehrmals einstechen und 30 Minuten in den Kühlschrank stellen. 10 Minuten wie auf Seite 182 beschrieben blindbacken, Hülsenfrüchte entfernen, weitere 15 Minuten backen. Mit Eiweiß einpinseln, nochmals 1–2 Minuten backen. Tarteboden herausnehmen und Backofentemperatur halten.

3 Für die Füllung Schwarzwurzel unter fließend kaltem Wasser gründlich bürsten, schälen und in 3 cm lange Stücke schneiden. Möhren und Petersilienwurzel schälen, längs halbieren und schräg in 3–4 cm lange Stücke schneiden. Alle Gemüsesorten in Salzwasser bissfest kochen, kalt abschrecken und auf einem Sieb abtropfen lassen. Auf dem Teigboden verteilen.

4 Maronen halbieren und auf die Tarte streuen. Den Speck in 1 cm breite Streifen schneiden, in einer Pfanne im Öl knusprig anbraten, auf Küchenpapier entfetten, auf die Tarte geben.

5 Für den Guss Koriandersamen in einer beschichteten Pfanne sanft anrösten, auskühlen lassen, in Gewürz-, Kaffeemühle oder Mörser zermahlen. Mit dem Stabmixer Frischkäse mit Milch, Parmesan, Eiern und Eigelb aufmixen und mit Salz, Pfeffer, Chili, Muskatnuss und Koriander würzen. Über das Gemüse gießen und verteilen. Tarte im vorgeheizten Backofen auf der untersten Schiene 30 bis 35 Minuten backen und lauwarm servieren.

Kürbistarte mit Mandeln und Curry

mit Mandelmürbeteig

Tarteform, 28 cm Ø

Boden:

50 g Mandeln, gemahlen

250 g Mehl

1 gestr. TL Salz

¼ TL Zimt, gemahlen

100 g kalte Butter

1 Ei

1 EL Essig

1–2 EL kaltes Wasser

1 Eiweiß

Füllung:

650 g Muskatkürbis

100 ml Gemüsebrühe

¼ Apfel, geschält und
fein gewürfelt

150 g Sahne

1 TL mildes Currypulver

½ TL Knoblauch, gehackt

½ TL Ingwerwurzel,
geschält und gehackt

2 Eier, Größe M

1 Eigelb

Salz, Pfeffer

1 Prise milder Chili, gemahlen

40 g Mandeln, geschält und
gemahlen

40 g Parmesan, fein gerieben

1 Für den Boden alle Zutaten zu einem glatten Teig verarbeiten. (Siehe dazu auch Seite 177.) Teig zu einem Ziegel formen, in Klarsichtfolie wickeln. 1 Stunde in den Kühlschrank legen. Den Backofen auf 200 °C vorheizen. Tarteform mit Butter einpinseln. Teig dünn ausrollen, die Form damit auslegen, mit einer Gabel mehrmals einstechen und 30 Minuten in den Kühlschrank stellen.

2 Boden wie auf Seite 182 beschrieben 10 Minuten blindbacken, Hülsenfrüchte entfernen, weitere 15 Minuten backen. Mit Eiweiß einpinseln und nochmals 1–2 Minuten backen. Tarteform herausnehmen, Backofentemperatur halten.

3 Für die Füllung Kürbis schälen, entkernen und in knapp 1 cm breite Streifen schneiden. (Ergibt etwa 500 g Fruchtfleisch.) Gemüsebrühe in einem Topf auf dem Herd erhitzen. 150 g des Kürbisfleischs noch etwas kleiner schneiden. Mit den Apfelwürfeln in der Brühe in etwa 20 Minuten zugedeckt weich ziehen lassen. Topf vom Herd nehmen, Sahne, Curry, Knoblauch und Ingwer dazugeben.

4 Kürbis-Apfel-Masse mit dem Stabmixer pürieren, Eier und Eigelb hineinmixen. Mit Salz, Pfeffer und Chili würzen. Restliche Kürbisstücke (350 g) auf dem Tarteboden verteilen, Kürbis-Eier-Mischung darübergießen. Mandeln und Parmesan vermischen und auf die Tarte streuen. Im vorgeheizten Backofen auf der unteren Schiene in etwa 40 Minuten goldbraun backen.

Lammtarte mit Auberginen und Oliven

kräftig & mediterran

Tarteform, 28 cm Ø

Boden:
Kreuzkümmelsamen
80 g flüssige Butter
5 Blätter fertiger Filoteig (Kühlregal)
1 Eiweiß

Füllung:
1 Zwiebel
1 rote Paprikaschote
2 EL schwarze Oliven
½ Aubergine
Salz
3 EL mildes Olivenöl
mildes Chilisalz
1 TL Pfefferkörner
je ½ TL Zimtsplitter und Pimentkörner
300 g Lammhackfleisch
1–2 EL Tomatenmark
80 ml Weißwein
160 g Pizzatomaten
je 2 TL Knoblauch, Ingwer, Petersilie, fein gehackt
milder Chili, gemahlen
1 Prise getrockneter Oregano
1 TL abgeriebene Bio-Zitronenschale
2 Eier, Größe M
1 Eigelb

Das Foto zeigt die Lammtarte in einer eckigen Backform gebacken. Wir haben das Rezept aber trotzdem für eine runde Tarteform angegeben, weil diese wohl die meisten Hobbybäcker zu Hause haben.

1 Für den Boden etwas Kreuzkümmel in die flüssige Butter mahlen und die Tarteform damit einpinseln. Form mit einer Lage Filoteig auslegen, mit der Kreuzkümmel-Butter bepinseln. Weitere zwei Lagen Filoteig einlegen und jeweils buttern. Überstehenden Teig wegschneiden. Backofen auf 200 °C Ober-/Unterhitze vorheizen.

2 Für die Füllung Zwiebel schälen und fein würfeln, Paprika waschen, entstrunken, entkernen, schälen und in Würfel schneiden, Oliven vierteln. Aubergine in 5 mm dicke Scheiben schneiden, etwas salzen, 10 Minuten ziehen und austretenden Saft abtropfen lassen. Auberginenscheiben in einer Pfanne in 2 EL Öl auf beiden Seiten goldbraun braten, mit Chilisalz würzen. Pfeffer, Zimt und Piment in eine Gewürzmühle füllen (oder im Mörser zermahlen).

Guss:

100 ml Milch

100 g Sahne

50 g Hartkäse, gerieben

1 Ei

Salz, Pfeffer

etwas Muskatnuss,
frisch gerieben

3 Zwiebelwürfel in 1 EL Öl glasig anschwitzen. Hackfleisch dazugeben und anbraten, Tomatenmark hineinrühren und etwas anschwitzen. Mit Weißwein ablöschen, einköcheln lassen. Tomaten, Paprika, Oliven, Knoblauch, Ingwer und Petersilie dazugeben und mit Salz, Chili, Oregano, Zitronenschale und den Gewürzen aus der Gewürzmühle kräftig würzen. Masse etwas abkühlen lassen, Eier und Eigelb hineinrühren und abschmecken.

4 Für den Guss in einer Schüssel Sahne, Milch, geriebenen Hartkäse und Ei verrühren. Mit Salz, Pfeffer und Muskatnuss würzen. Die Fleischmasse auf den Tarteboden füllen, mit den Auberginenscheiben belegen, die Eiersahne darauf verteilen. Tarte auf der unteren Schiene im vorgeheizten Ofen 30 Minuten backen.

Tipp Je nach Geschmack kann der Boden beliebig mit Kreuzkümmel gewürzt werden. Aber Vorsicht: Weniger ist hier mehr! Anstelle von Lamm kann natürlich jedes andere Hackfleisch verwendet werden.

Spinat-Erdnuss-Tarte mit Rosinen

ungewöhnliche Kombination & vegetarisch

Tarteform, 28 cm Ø

Boden:

1 Erdnussmürbeteig,
Grundrezept Seite 177

1 Eiweiß

Füllung:

400 g Blattspinat

Salz

1 Zwiebel

4 EL braune Butter (Seite 177)

80 g Parmesan, grob gerieben

1 Knoblauchzehe, gehackt

30 g Rosinen

50 g Erdnüsse, gehackt
und geröstet

1 EL Petersilie, fein geschnitten

150 g Frischkäse

150 ml Milch

80 g Sahne

1 Eigelb

3 Eier, Größe M

Pfeffer

milder Chili, gemahlen

etwas Muskatnuss,
frisch gerieben

120 g Schafskäse (Feta)

1 Für den Boden einen Erdnussmürbeteig wie auf Seite 177 beschrieben zubereiten und in die Form geben, Teig mit einer Gabel mehrmals einstechen. Den Backofen auf 200 °C Ober-/Unterhitze vorheizen und den Boden wie auf Seite 182 beschrieben 10 Minuten blindbacken. Hülsenfrüchte entfernen, weitere 15 Minuten backen, mit Eiweiß einstreichen, nochmals 1–2 Minuten backen. Herausnehmen, Backofen auf 175 °C herunterschalten.

2 Für die Füllung Spinat putzen, waschen und in Salzwasser kurz blanchieren. In kaltem Wasser abschrecken und auf einem Sieb abtropfen lassen. Mit den Händen das Wasser herausdrücken und Spinat klein schneiden. Zwiebel schälen, fein würfeln und in einer Pfanne bei mittlerer Hitze in 1 EL brauner Butter glasig anschwitzen. Vom Herd nehmen und restliche braune Butter dazugeben. Spinat, Zwiebeln, Parmesan, Knoblauch, Rosinen, Erdnüsse und Petersilie untermischen.

3 Frischkäse, Milch, Sahne, Eigelb und Eier mit dem Stabmixer aufmixen, mit Salz, Pfeffer, Chili und etwas geriebener Muskatnuss kräftig würzen. Mit dem Spinat vermengen und gegebenenfalls etwas nachwürzen. Die Hälfte der Masse auf den vorgebackenen Boden geben, die Hälfte vom Schafskäse über die Füllung bröckeln. Die zweite Hälfte vom Spinat auf dem Feta verteilen und den restlichen Schafskäse über die Tarte streuen. Tarte auf die unterste Schiene in den vorgeheizten Backofen schieben und in 40 Minuten fertig backen.

Tipp Ein Teil der Sahne kann nach Geschmack durch Kokosmilch ersetzt werden, was die exotische Note verstärkt.

Tomatenschnecken-Tarte

vegetarisch ✑ für Italienfans

Tarteform, 28 cm Ø

Boden:
1 Käsemürbeteig,
Grundrezept Seite 176
1 Eiweiß

Füllung:
100 g getrocknete Tomaten
2 EL Weißweinessig
1 kleine Knoblauchzehe,
gehackt
1 EL Mandelblättchen, geröstet
1 EL Parmesan, fein gerieben
4 EL Gemüsebrühe
4 EL mildes Olivenöl
100 g Frischkäse
1 Eigelb
1 Prise Zucker
je 1 Prise milder Chili
und Zimtsplitter, gemahlen
Salz
400 g Zucchini

Guss:
100 g Frischkäse
100 g Sahne
50 ml Milch
2 Eier, Größe M
1 Knoblauchzehe, gehackt
1 TL Thymianblättchen,
gehackt
Salz, Pfeffer
1 Prise milder Chili, gemahlen
etwas Muskatnuss, frisch
gerieben

1 Für den Boden einen Käsemürbeteig wie auf Seite 177 zubereiten und in die Form geben, Teig mit einer Gabel mehrmals einstechen. Den Backofen auf 200 °C Ober-/Unterhitze vorheizen, den Boden wie auf Seite 182 beschrieben 10 Minuten blindbacken. Hülsenfrüchte entfernen, weitere 15 Minuten backen, mit Eiweiß einstreichen, nochmals 1–2 Minuten backen. Herausnehmen, Backofentemperatur halten.

2 Für die Füllung 500 ml Wasser in einem Topf erhitzen, getrocknete Tomaten und Weißweinessig dazugeben, knapp unter dem Siedepunkt 30 Minuten ziehen lassen. Tomaten in ein Sieb schütten, gut abtropfen und auskühlen lassen. Abgekühlte Tomaten mit Knoblauch, Mandelblättchen, Parmesan, Gemüsebrühe und Olivenöl mit dem Stabmixer pürieren. Frischkäse und Eigelb unterrühren. Masse mit einer kleinen Prise Zucker, Chili, Zimt und Salz abschmecken.

3 Zucchini mit der Aufschnittmaschine oder einem großen Messer längs in 2–3 mm dicke Scheiben schneiden. Einzeln mit der Tomatenfülle bestreichen, zu Schnecken rollen und mit einem scharfen Messer halbieren. Mit der farbigen Seite nach oben dicht an dicht auf den Tarteboden legen.

4 Für den Guss Frischkäse mit Sahne, Milch, Eiern, Knoblauch und Thymian mit dem Stabmixer aufmixen und mit Salz, Pfeffer, Chili und Muskatnuss würzen. Über der Füllung verteilen. Tarte auf der untersten Schiene in den vorgeheizten Backofen schieben und etwa 40 Minuten backen.

Tipp Zum Auftragen der Füllung eignen sich sehr gut ein Dressierbeutel mit flacher Tülle oder ein Gefrierbeutel mit abgeschnittener Ecke.

Camemberttarte mit Äpfeln

vegetarisch ✑ toll zu Rotwein

Tarteform, 28 cm Ø

Boden:

1 Ei
100 g Mehl
100 g feine Haferflocken
100 g kalte Butter,
in Stückchen
Salz
Muskatnuss, frisch gerieben
1 EL Weinessig

Füllung:

1 Apfel
1 TL Puderzucker
20 g Butter
3 Lauchzwiebeln
300 g reifer Camembert
oder Brie

Guss:

150 g Frischkäse
150 ml Milch
75 g Sahne
3 Eier
Salz, Pfeffer
1 Prise milder Chili, gemahlen
1 Prise Muskatnuss,
frisch gerieben
1–2 TL Thymianblättchen,
grob gehackt

1 Für den Boden das Ei trennen, das Eiweiß beiseitestellen. Mehl, Haferflocken, Butter, Eigelb, Salz, etwas Muskatnuss, Weinessig und 3 EL kaltes Wasser zu einem glatten Teig verarbeiten, zu einem Ziegel formen, in Klarsichtfolie wickeln und 1 Stunde in den Kühlschrank legen. Den Backofen auf 200 °C Ober-/Unterhitze vorheizen. Die Tarteform mit Butter einpinseln.

2 Den Teig dünn ausrollen, die Form damit auslegen, mit einer Gabel mehrmals einstechen und 30 Minuten in den Kühlschrank stellen. Wie auf Seite 182 beschrieben 10 Minuten blindbacken, Hülsenfrüchte entfernen und weitere 15 Minuten backen. Mit dem Eiweiß einpinseln und noch einmal 1–2 Minuten backen. Herausnehmen, Backofentemperatur halten.

3 Für die Füllung Apfel schälen, vierteln, entkernen und in dünne Spalten schneiden. Puderzucker in einer Pfanne bei mittlerer Hitze hell karamellisieren lassen, Apfelspalten dazugeben, leicht anbraten. Butter dazugeben, Äpfel durchschwenken, die Pfanne vom Herd nehmen und die Apfelspalten in der Pfanne auskühlen lassen. Lauchzwiebeln putzen, waschen und in Scheiben schneiden. Käse in kleine Würfel schneiden.

4 Für den Guss Frischkäse, Milch, Sahne und Eier aufmixen und mit etwas Salz, Pfeffer, Chili und Muskatnuss würzen. Thymianblättchen hineinrühren. Die ausgekühlten Apfelspalten mit Lauchzwiebeln und Camembertwürfeln vermischen, alles auf dem Tarteboden verteilen und mit dem Eierguss übergießen. Im vorgeheizten Backofen auf der untersten Schiene in 35–40 Minuten goldbraun backen. Aus dem Ofen nehmen, kurz abkühlen lassen und in Stücke schneiden.

Zucchiniblütentarte mit Hühnerbrust

mediterran & für Quarkfans

Boden:

50 g Ricotta oder Magerquark

2 EL Olivenöl

85 ml Milch

½ TL Salz

150 g Mehl

1 gestr. TL Backpulver

Füllung:

150 g Hühnerbrust ohne Haut

Salz

250 g Sahne

Pfeffer

1 Prise milder Chili, gemahlen

etwas Muskatnuss,

frisch gerieben

2 Scheiben Weißbrot (80 g)

4 EL Olivenöl

30 g schwarze Oliven

50 g eingelegte, getrocknete

Tomaten

1 EL Petersilie, fein

geschnitten

1 TL Thymian, gehackt

½ TL abgeriebene Bio-

Zitronenschale

1 TL halbtrockener Sherry

12 Zucchiniblüten mit

kleinen Zucchini

½ TL getrocknetes

Bohnenkraut

1 Für den Boden Ricotta, Öl, Milch und Salz in einer Schüssel verrühren. Mehl und Backpulver dazusieben und alles mit den Knethaken des Handrührers zu einem glatten Teig verkneten. In Klarsichtfolie wickeln und 15 Minuten ruhen lassen. Backofen auf 200 °C vorheizen. Tarteform mit Butter einpinseln. Den Teig auf einer bemehlten Arbeitsfläche dünn ausrollen und die Form damit auslegen.

2 Hühnerbrust in Würfel schneiden, salzen und 5 Minuten in den Tiefkühler stellen, die Sahne ebenfalls – auch sie muss eiskalt sein. Dann das Fleisch in eine Moulinette (oder den Mixer) geben, mit Pfeffer, Chili und Muskatnuss würzen, ein Drittel der Sahne dazugeben und mixen, bis es bindet. Restliche Sahne nach und nach einmixen, bis eine glatte, glänzende Farce entsteht. In eine Schüssel füllen und kalt stellen.

3 Brot in kleine Würfel schneiden, in 3 EL Olivenöl knusprig braten, auf Küchenpapier abtropfen und auskühlen lassen. Oliven vierteln. Eingelegte Tomaten abtropfen und in kleine Würfel schneiden. Brotwürfel, Oliven, Tomaten, Petersilie und Thymian unter die Hühnerfleischfarce rühren. Mit Salz, Pfeffer, Zitronenschale und Sherry würzen. In einen Dressierbeutel (ersatzweise in einen Gefrierbeutel mit abgeschnittener Ecke) ohne Tülle füllen.

4 Von den Zucchiniblüten den Blütenstempel entfernen und gegebenenfalls die kleinen Zucchinifrüchte abtrennen. Die Blüten mit der Farce füllen und die Enden vorsichtig verschließen. Gefüllte Blüten etwas flach drücken und den Tarteboden damit auslegen. Die Minizucchini längs halbieren, in einer Pfanne in 1 EL Olivenöl anbraten, mit Salz, Pfeffer, Bohnenkraut würzen und zwischen die Zucchiniblüten legen.

Guss:

150 g Ricotta

100 g Sahne

20 g Parmesan, fein gerieben

½ Knoblauchzehe,
geschält und gehackt

2 Eier, Größe M

Salz, Pfeffer

etwas milder Chili, gemahlen

etwas Muskatnuss, frisch gerieben

1 Msp. abgeriebene Bio-
Zitronenschale

5 Für den Guss Ricotta mit Sahne, Parmesan, Knoblauch und Eiern verrühren. Mit Salz, Pfeffer, Chili, Muskatnuss und Zitronenschale würzen. Auf den Zucchiniblüten und den Zucchini verteilen. Tarte im vorgeheizten Backofen auf der untersten Schiene 35 Minuten backen. In den letzten 10 Minuten mit Alufolie abdecken, damit der Guss nicht zu dunkel wird.

Tipp Die Zucchinifrüchte mit den schönen, gelben Blüten sind etwa von Ende Mai bis Anfang August auf dem Markt oder im Gemüsefach-handel zu bekommen. Am besten schmecken die Früchte aber aus dem eigenen Garten. Kleine Zucchinisorten eignen sich übrigens auch zur Aufzucht im Blumentopf.

Karamellisierte Käsetartelettes

mit Mandelboden ✎ partytauglich

10 Tartelettes, 10 cm Ø

Boden:
200 g Mehl
50 g Mandeln, gemahlen
1 TL Backpulver, gesiebt
1 gestr. TL Salz
etwas Muskatnuss, frisch
gerieben
80 g kalte, weiche Butter
1 Ei, Größe M
5 EL Weißwein
1 Eiweiß

Füllung:
100 g Brie oder Camembert
125 ml Milch
125 g Sahne
1 gestr. TL mildes Thai-
Currypulver
1 Eigelb
1 Ei, Größe M
Salz
3 EL brauner Zucker

1 Für den Teig alle Zutaten (wie bei Mürbeteig Seite 177; bis auf das Eiweiß) rasch zu einem glatten Teig verkneten, zu einem flachen Ziegel formen, in Klarsichtfolie wickeln und im Kühlschrank mindestens 30 Minuten durchkühlen lassen. Den Backofen auf 200 °C Ober-/Unterhitze vorheizen. Zehn Tarteletteförmchen mit Butter auspinseln.

2 Den Teig auf einer Arbeitsfläche mit etwas Mehl dünn ausrollen, zehn Kreise (12 cm Ø) ausstechen und die Tarteletteförmchen damit vollständig auslegen, Teig mit einer Gabel mehrmals einstechen. Nochmals 30 Minuten in den Kühlschrank stellen. Im vorgeheizten Backofen 10 Minuten blindbacken wie auf Seite 182 beschrieben, Hülsenfrüchte entfernen und nochmals 15 Minuten backen. Die Böden mit Eiweiß einpinseln und wiederum 1–2 Minuten backen. Tartelettes herausnehmen und den Backofen auf 150 °C Ober-/Unterhitze herunterschalten.

3 Für die Füllung den Käse klein schneiden. Milch und Sahne in einem Topf aufkochen, vom Herd nehmen, den Käse mit dem Thai-Curry hineinmixen, ebenso das Eigelb und das Ei, mit Salz abschmecken und den Schaum abschöpfen. Die Käse-Sahne-Mischung in die vorgebackenen Tartelettes füllen.

4 Im vorgeheizten Backofen auf der untersten Schiene etwa 15 Minuten stocken lassen, dabei spätestens nach 10 Minuten mehrmals die Konsistenz der Füllung prüfen. Sobald sie gestockt ist, die Tartelettes herausnehmen und auskühlen lassen. Kurz vor dem Servieren die Tartelettes mit braunem Zucker bestreuen und mit einem Bunsenbrenners (oder unter dem heißen Grill) goldbraun karamellisieren.

Tipp Für eine große Tarte mit 28 cm Durchmesser wird zwar dieselbe Menge Teig, aber die doppelte Menge der Füllung gebraucht.

Paprika-Polenta-Tarte mit Rosmarin

vegetarisch ❧ italienisch einmal anders

Tarteform, 28 cm Ø

Boden:
1 Käsemürbeteig,
Grundrezept Seite 176
1 Eiweiß

Füllung:
2 rote Paprikaschoten
2 Zwiebeln
½ Zucchini (150 g)
1 EL mildes Olivenöl
Salz, Pfeffer
1 Prise milder Chili, gemahlen
1 Knoblauchzehe
1 EL frische Rosmarinnadeln
200 ml Gemüsebrühe
200 ml Milch
1 Lorbeerblatt
50 g Instant-Polenta
4 EL Parmesan, fein gerieben
2 EL braune Butter (Seite 177)
2 Eier, Größe M
1 Eigelb
etwas Muskatnuss,
frisch gerieben

1 Für den Boden einen Käsemürbeteig wie auf Seite 177 zubereiten und in die Form geben, Teig mit einer Gabel mehrmals einstechen. Den Backofen auf 200 °C Ober-/Unterhitze vorheizen, den Boden wie auf Seite 182 beschrieben 10 Minuten blindbacken. Hülsenfrüchte entfernen, weitere 15 Minuten backen, mit Eiweiß einstreichen, nochmals 1–2 Minuten backen. Tarteboden herausnehmen, Backofentemperatur halten.

2 Für die Füllung Paprikaschoten vierteln, Stielansatz, Samen und Scheidewände entfernen, mit einem Sparschäler schälen und in Streifen schneiden. Zwiebeln schälen, ebenfalls in Streifen schneiden. Zucchini waschen, in dünne Scheiben schneiden und beiseitestellen. Paprika und Zwiebeln in Olivenöl glasig anschwitzen, mit Salz, Pfeffer und Chili würzen und auf dem Tarteboden verteilen.

3 Knoblauch schälen und in Scheiben schneiden. Rosmarinnadeln fein hacken. Gemüsebrühe mit Milch und Lorbeerblatt in einem Topf aufkochen, Polentagrieß hineinrühren und bei milder Hitze einige Minuten kochen lassen. Topf vom Herd nehmen, Knoblauch, Rosmarin, 2 EL vom Parmesan und die braune Butter zur Polentamilch geben, das Lorbeerblatt entfernen. Die Eier und das Eigelb mit dem Schneebesen unter die Polentamischung schlagen. Mit Salz, Pfeffer, Chili und Muskatnuss würzen. Auf der Tarte verteilen.

4 Zucchinischeiben nebeneinander auf die Polentamilch legen und etwas hineindrücken, mit dem restlichen Parmesan bestreuen. Tarte im vorgeheizten Backofen auf der untersten Schiene etwa 30 Minuten backen. Herausnehmen, etwas auskühlen lassen und noch lauwarm in Stücke schneiden.

Tipp Polenta oder Maisgrieß gibt es in jedem gut sortierten Supermarkt, in italienischen Lebensmittelgeschäften und im Bioladen. Am besten eignet sich für die Tarte wegen der kurzen Garzeit Instant-Polenta. Herkömmliche Polenta muss länger gekocht werden, bis sie andickt.

Oreganotartelettes mit exotischer Füllung

lecker als Vorspeise ✑ sommerlich

5 Tartelettes, 12 cm Ø

Boden:
1 Käsemürbeteig,
Grundrezept Seite 176

Füllung:
70 ml Gemüsebrühe
1–2 EL Zitronensaft,
frisch gepresst
½–1 TL scharfer Senf
1 EL gemischte Salatkräuter,
frisch gehackt
3 EL mildes Olivenöl oder Rapsöl
Salz, Pfeffer
etwas milder Chili, gemahlen
1 Prise Zucker
10–15 Salatblätter
(je nach Größe; 80 g)
½ reife Mango
1 Avocado
5 EL Weißbrotbrösel
2–3 EL Öl
2 Hühnerbrüste ohne Haut
(etwa 300 g)
1 EL braune Butter (Seite 177)
1 EL Butter
etwas mildes Chilisalz
1 EL Petersilie, fein geschnitten
1 Msp. abgeriebene
Bio-Zitronenschale
1 Prise Zimtsplitter,
frisch gemahlen
ein paar Kräuterblättchen

1 Für den Boden einen Käsemürbeteig wie auf Seite 177 zubereiten und in die gebutterten Tarteletteformen geben, Teig mit einer Gabel mehrmals einstechen. Den Backofen auf 200 °C Ober-/Unterhitze vorheizen und die Böden wie auf Seite 182 beschrieben 10 Minuten blindbacken. Hülsenfrüchte entfernen, weitere 15 Minuten backen. Tartelettes aus dem Ofen nehmen und auskühlen lassen.

2 Für die Füllung zunächst ein Dressing aus Gemüsebrühe, Zitronensaft, Senf, Kräutern und Öl herstellen. Mit Salz, Pfeffer, Chili und Zucker herzhaft würzen. Beiseite stellen. Salatblätter gründlich waschen und in einem Sieb abtropfen lassen. Mango schälen und in Scheiben schneiden.

3 Avocado schälen, entkernen, in Spalten schneiden und salzen. In Weißbrotbröseln wenden und in einer Pfanne bei mittlerer Hitze in 1–2 EL Öl auf beiden Seiten goldbraun braten. Herausnehmen und auf Küchenpapier etwas entfetten.

4 Hühnerbrüste in Streifen schneiden. In einer großen Pfanne bei mittlerer Hitze in 1 EL Öl 2–3 Minuten anbraten. Die Pfanne vom Herd nehmen, braune Butter und Butter zu den Hühnerbruststreifen geben und schmelzen lassen. Mit Chilisalz, Pfeffer, Petersilie, Zitronenschale und etwas Zimt würzen.

5 Die Salatblätter mit dem Dressing marinieren und auf den Tartelette-böden verteilen. Mit Hühnerbruststreifen, Mangospalten, panierter Avocado und Kräuterblättchen garnieren und sofort servieren.

Tipp Reife Mangos sind an ihrer gelblich-roten Farbe und dem fruchtigen Duft zu erkennen. Auch die Avocado schmeckt reif am besten, jedoch sollte sie noch nicht allzu weich sein, damit die Spalten beim Braten ihre Form behalten.

Morcheltarte mit grünem Spargel

relativ einfach zuzubereiten

Tarteform, 28 cm Ø

Boden:

1 salziger Mürbeteig,
Grundrezept 1 Seite 176
1 Prise milder Chili, gemahlen
2 TL abgeriebene
Bio-Orangenschale
1 Eiweiß

Füllung:

1 Bund grüner Spargel (500 g)
Salz
150 g frische Morcheln
(ersatzweise 3 EL getrocknete
Morcheln, siehe Tipp)
80 g gekochter Hinterschinken
2 Schalotten

Guss:

100 g Frischkäse
100 ml Milch
50 g Sahne
2 Eier, Größe M
1 Eigelb
1–2 TL Sherry (medium dry)
Salz, Pfeffer
1 Prise milder Chili, gemahlen
etwas Muskatnuss,
frisch gerieben

1 Für den Boden wie auf Seite 177 beschrieben unter Hinzufügen von Chili und Orangenschale einen Teig vorbereiten und kühlen. Backofen auf 200 °C Ober-/Unterhitze vorheizen. Teig dünn ausrollen, in die Form legen, mit einer Gabel mehrmals einstechen und nochmals 30 Minuten in den Kühlschrank stellen. 10 Minuten auf der mittleren Schiene blindbacken wie auf Seite 182 beschrieben, Hülsenfrüchte entfernen, weitere 15 Minuten backen. Boden mit Eiweiß einpinseln, nochmals 1–2 Minuten backen und dann herausnehmen. Backofen auf Temperatur halten.

2 Für die Füllung Spargel im unteren Drittel schälen, die holzigen Enden entfernen und die Stangen quer halbieren. In Salzwasser bissfest kochen, in kaltem Wasser abschrecken und auf einem Sieb abtropfen lassen. Morcheln waschen und abtropfen lassen. Schinken in kleine Würfel schneiden, Schalotten schälen und fein würfeln. Morcheln und Spargel auf dem vorgebackenen Boden verteilen und die Schalotten mit dem Schinken darüberstreuen.

3 Für den Guss Frischkäse, Milch, Sahne, Eier, Eigelb und Sherry mit dem Stabmixer aufmixen. Mit Salz, Pfeffer, Chili und Muskatnuss würzen. Auf der Füllung verteilen und Tarte im vorgeheizten Backofen auf der untersten Schiene 30 Minuten backen. Herausnehmen, lauwarm auskühlen lassen, in Stücke schneiden und servieren.

Tipp Getrocknete Morcheln zuerst in Wasser aufkochen und 10 Minuten ziehen lassen, danach gut abtropfen. Dann können sie wie frische Morcheln verwendet werden.

Orientalische Linsen-Kokos-Tarte

würzig & exotisch

Tarteform, 28 cm Ø

Boden:

1 Erdnussmürbeteig,
Grundrezept Seite 177

1 Eiweiß

Füllung:

½ dünne Stange Lauch

1 kleine Zwiebel

70 g geräucherter, roher
Schinken (z. B. Schwarz-
wälder Schinken)

je ½ TL Kardamomsamen,
Kreuzkümmelsamen und
Zimtsplitter

½ TL Kurkumapulver

1–2 TL Öl

100 g rote Linsen

1 TL Tomatenmark

150 g pürierte Tomaten (Dose)

350 ml Gemüsebrühe

150 ml Kokosmilch

1 Knoblauchzehe, halbiert

1 Scheibe Ingwerwurzel,
geschält

1 Msp. abgeriebene
Bio-Zitronenschale

2 Eier, Größe M

1 Eigelb

Salz, Pfeffer

1 Prise milder Chili, gemahlen

20 g Kokoschips

1 Für den Boden einen Erdnussmürbeteig wie auf Seite 177 beschrieben zubereiten und in die Form geben, Teig mit einer Gabel mehrmals
einstechen. Den Backofen auf 200 °C Ober-/Unterhitze vorheizen.
Boden wie auf Seite 182 beschrieben 10 Minuten blindbacken.
Hülsenfrüchte entfernen, weitere 15 Minuten backen, mit Eiweiß
einstreichen, nochmals 1–2 Minuten backen. Herausnehmen, Backofentemperatur halten.

2 Für die Füllung Lauch längs halbieren und waschen. Das Weiße
vom Lauch in Streifen, den grünen Teil in kleine Würfel schneiden.
Zwiebel schälen und klein würfeln. Schinken in kleine Würfel schneiden. Kardamom, Kreuzkümmel und Zimt in einer Pfanne ohne
Fettzugabe vorsichtig anrösten. Auskühlen lassen, im Mörser fein
zerreiben (oder in einer Kaffeemühle/Gewürzmühle fein mahlen).
Alles mit dem Kurkuma vermischen und beiseitestellen.

3 In einem Topf bei milder Hitze das Öl erhitzen, das Weiße vom
Lauch mit den Zwiebelwürfeln darin glasig anschwitzen. Linsen
dazugeben, Tomatenmark hineinrühren und alles etwas erhitzen.
Tomaten und Gemüsebrühe hinzufügen. Linsen knapp unter dem
Siedepunkt in 15 Minuten fast weich garen. Dann die Hälfte der
Linsen mit einer Schaumkelle herausnehmen und beiseitestellen.

4 Kokosmilch, Knoblauch, Ingwer und Zitronenschale zu den Linsen
in den Topf geben, vom Herd nehmen und alles mit einem Stabmixer
pürieren. Eier und Eigelb hineinmixen, mit Salz, Pfeffer, Chili und
einem gestrichenen Espressolöffel der Gewürzmischung würzen. Das
Grüne vom Lauch, die abgenommenen Linsen und den Schinken
dazugeben. Alles auf den Tarteboden geben. Die Tarte auf der untersten Schiene im vorgeheizten Ofen 30 Minuten backen. Die Kokoschips
in einer Pfanne ohne Fett leicht anrösten. Die Tarte lauwarm auskühlen lassen, in Stücke schneiden und mit den Kokoschips garnieren.

Tipp Den Rest der Gewürzmischung für andere Hülsenfrucht- und
Gemüsegerichte verwenden. Ersatzweise statt Kardamom, Kreuzkümmel und Zimtrinde fertiges *Garam Masala* (indische Gewürzmischung)
verwenden (Gewürzhandel, Asialaden).

Reistarte mit Fenchel, Birne und Möhre

vegetarisch ⌘ feine Aromen

Tarteform, 28 cm Ø

Boden:
1 Quicheteig,
Grundrezept Seite 176
1 Eiweiß

Füllung:
1 Fenchelknolle
400 ml Gemüsebrühe
1 Möhre
1 reife, feste Birne
100 g Risottoreis
1 EL mildes Olivenöl
60 ml Weißwein
1 Lorbeerblatt
etwas Vanillesalz
1 Knoblauchzehe,
geschält und fein gehackt
1 TL Ingwerwurzel, geschält
und gehackt
5–6 Safranfäden
½ TL mildes Currypulver
100 g Frischkäse
150 ml Milch
2 Eier, Größe M
1 Eigelb
mildes Chilisalz
etwas Muskatnuss,
frisch gerieben
60 g Parmesan, fein gerieben

1 Für den Boden einen Quicheteig wie auf Seite 177 beschrieben zubereiten und in die Form geben, Boden mit einer Gabel mehrmals einstechen. Den Backofen auf 200 °C Ober-/Unterhitze vorheizen. Boden wie auf Seite 182 beschrieben 10 Minuten blindbacken. Hülsenfrüchte entfernen, weitere 15 Minuten backen, mit Eiweiß einstreichen, nochmals 1–2 Minuten backen. Boden herausnehmen, Backofentemperatur halten.

2 Für die Füllung Fenchel putzen, waschen und das Fenchelgrün beiseitelegen. Fenchelknolle samt Strunk in 6 Scheiben (4 mm dick) schneiden und die Scheiben halbieren. Die Fenchelreste, die sich nicht zu Scheiben schneiden lassen, klein schneiden und in Gemüsebrühe etwa 4 Minuten garen. Mit einer Schaumkelle herausnehmen. Gemüsebrühe für den Reis warm halten. Möhre schälen und schräg in Scheiben schneiden. Birne schälen, vierteln, Kerngehäuse entfernen und klein schneiden.

3 Reis im Öl glasig anschwitzen, mit Weißwein ablöschen und Flüssigkeit einköcheln lassen. Mit der warmen Gemüsebrühe auffüllen, Lorbeerblatt einlegen und etwa 10 bis 15 Minuten unter Rühren köcheln lassen, bis der Reis die Flüssigkeit so weit aufgesaugt hat, dass eine cremige Masse entstanden ist. Möhrenscheiben, vorgegarte Fenchelabschnitte und Birnenstücke unter den Reis heben. Mit Vanillesalz, Knoblauch, Ingwer, Safran und Curry würzen. Vom Herd nehmen. Das Lorbeerblatt entfernen.

4 Frischkäse mit Milch, Eiern und Eigelb aufmixen, mit Chilisalz und Muskatnuss würzen. Eimasse mit dem Reis vermengen und den Parmesan unterrühren. Auf den vorgebackenen Tarteboden füllen, mit den Fenchelscheiben belegen und im vorgeheizten Backofen auf der untersten Schiene etwa 30 Minuten backen. Das Fenchelgrün hacken. Die Tarte herausnehmen und das gehackte Fenchelgrün daraufstreuen.

Die
Schnellen

Italienische Gemüsetarte

toll als Vorspeise ∽ vegetarisch

Tarteform, 28 cm Ø

Boden:
300 g Fertig-Blätterteig
(Kühltheke oder tiefgekühlt)

Füllung:
1 rote Paprikaschote
Salz
150 g Zucchini
2–3 EL Olivenöl
Chilisalz
½ Fenchelknolle
100 g Aubergine
100 g Artischocken
(Dose), abgetropft

Guss:
100 g Frischkäse
100 g Sahne
50 ml Milch
2 Eier, Größe M
1 Knoblauchzehe, gehackt
60 g Parmesan, fein gerieben
2 TL Thymianblättchen,
frisch geschnitten
Salz, Pfeffer
1 Prise milder Chili, gemahlen
etwas Muskatnuss,
frisch gerieben

Foto s. S. 72/73

1 Für den Boden Tarteform mit Butter einpinseln. Blätterteig dünn ausrollen, die Tarteform damit auslegen. Teig mit einer Gabel mehrmals einstechen, 30 Minuten in den Kühlschrank stellen. Den Backofen auf 220 °C Ober-/Unterhitze vorheizen.

2 Für die Füllung die Paprikaschote waschen, vierteln, Stielansatz, Samen und Scheidewände entfernen. In Salzwasser 3–4 Minuten köcheln, bis sich die Haut abziehen lässt. Kalt abschrecken, abtropfen lassen, enthäuten und die Viertel in kleine Stücke schneiden. Die Zucchini schräg in 5 mm dicke Scheiben schneiden. In einer Pfanne in 1 EL Öl auf beiden Seiten leicht bräunen und mit etwas Chilisalz würzen.

3 Den Fenchel in 3–4 mm dicke Scheiben schneiden und in kochendem Wasser bissfest blanchieren. Die Aubergine in 5 mm dicke Scheiben schneiden, die Scheiben halbieren, salzen, einige Minuten in einem Sieb ziehen lassen, abtropfen. In einer Pfanne in 1–2 EL Öl von beiden Seiten anbraten.

4 Für den Guss Frischkäse mit Sahne, Milch, Eiern, Knoblauch und Parmesan mit dem Handrührer aufschlagen, den Thymian hineinrühren. Alles mit Salz, Pfeffer, Chili und Muskatnuss würzen. Das gesamte Gemüse und die abgetropften Artischocken auf dem Blätterteigboden verteilen und mit dem Guss übergießen. Die Tarte auf der untersten Schiene in den vorgeheizten Backofen schieben und etwa 30 Minuten backen.

Harissatarte mit Röstzwiebeln und Pancetta

würzig ✑ einfach

Tarteform, 28 cm Ø

Boden:
300 g Fertig-Blätterteig
(Kühltheke oder tiefgekühlt)

Belag:
150 g Sauerrahm
1 EL Harissapulver
Salz
2 Zwiebeln
2 EL Butter
6 dünne Scheiben Pancetta
(italienischer Speck;
ersatzweise Frühstücksspeck)

Foto s. S. 72/73

1 Für den Boden Tarteform mit Butter einpinseln. Blätterteig dünn ausrollen, die Tarteform damit auslegen. Teig mit einer Gabel mehrmals einstechen. Bis zum Belegen in den Kühlschrank stellen. Den Backofen auf 220 °C Ober-/Unterhitze vorheizen.

2 Für den Belag den Sauerrahm mit dem Harissapulver verrühren und salzen. Die Zwiebeln schälen, halbieren und quer in Streifen schneiden. In einer Pfanne bei mittlerer Hitze in der Butter goldbraun anrösten und mit dem Harissa-Sauerrahm verrühren.

3 Den Harissa-Sauerrahm gleichmäßig auf den Boden streichen und die Pancettascheiben darauflegen. Die Tarte auf die unterste Schiene in den vorgeheizten Backofen schieben und 15 bis 20 Minuten backen. Herausnehmen und warm servieren.

Tipp Harissa ist eine in Tunesien beheimatete scharfe Würzpaste, die u. a. aus Chili, Kreuzkümmel, Koriandersaat, Salz, Knoblauch und Olivenöl hergestellt wird. Die komplette Rezeptur wird von den verschiedenen Herstellern natürlich geheim gehalten. Harissapulver besteht aus den trockenen Bestandteilen der Pastenrezeptur.

Blumenkohltarte mit Schnittlauchmousse

ohne Backen ⌘ vegetarisch

Springform, 28 cm Ø

Boden:

je 1 TL Kümmel-, Fenchel-
und Koriandersamen

200 g grobes, dunkles
Vollkornbrot

80 g weiche Butter

Salz, Pfeffer

Füllung:

400 g Blumenkohl

Salz

1 gestr. TL Kurkumapulver

150 ml Gemüsebrühe

2½ Blatt Gelatine

150 g Schmand (ersatzweise
Crème fraîche, Joghurt oder
Sauerrahm)

1–2 TL scharfer Senf

Salz, Pfeffer

1 Prise milder Chili, gemahlen

1 EL Zitronensaft,
frisch gepresst

1 Msp. abgeriebene
Bio-Zitronenschale

1 TL Zucker

1 Bund Schnittlauch

150 g Sahne

1 Für den Boden Kümmel-, Fenchel- und Koriandersamen in einer Pfanne bei mittlerer Hitze ohne Fett rösten, bis die Gewürze leicht zu duften beginnen. Auskühlen lassen und fein mahlen (z. B. Gewürzmühle, Kaffeemühle oder Mörser). Vollkornbrot im Mixer zu Bröseln mixen oder mit dem Messer fein hacken. Brösel mit weicher Butter vermischen, mit Salz, Pfeffer und den Gewürzen kräftig abschmecken. Auf dem Boden einer mit Backpapier ausgelegten Springform verteilen und glatt streichen.

2 Für die Füllung Blumenkohl waschen, in einzelne Röschen teilen und in einen Topf mit Salzwasser geben. Erhitzen und das Kurkuma hinzufügen. Blumenkohl knapp weich kochen, im Kochwasser auskühlen und anschließend gut abtropfen lassen. Gemüsebrühe in einem Topf leicht erwärmen, Gelatine in etwas kaltem Wasser einweichen, ausdrücken und in der warmen Brühe auflösen. Schmand und Senf unterrühren, mit Salz, Pfeffer, Chili, Zitronensaft, Zitronenschale und Zucker kräftig würzen.

3 Den Schnittlauch in feine Röllchen schneiden und 2 EL beiseitelegen. Sahne cremig schlagen, mit dem Schnittlauch unter die Schmandmasse ziehen, nochmals abschmecken. Zwei Drittel der Blumenkohlröschen auf dem Tarteboden verteilen, Schnittlauchmousse darübergeben und die übrigen Blumenkohlröschen dekorativ obenauf setzen. Mindestens 1 Stunde im Kühlschrank durchziehen lassen. Erst dann aus der Form lösen, mit Schnittlauch bestreuen und in Stücke teilen.

Kokos-Curry-Tarte mit Hühnchen

exotisch 🍴 einfach

Tarteform, 28 cm Ø

Boden:

1 EL Zucker
1 Prise Salz
½ TL milder Chili, gemahlen
300 g Fertig-Blätterteig
(Kühlregal oder tiefgekühlt)
1 Eiweiß

Füllung:

1 rote Paprikaschote
250 g Brokkoli
Salz
3 Lauchzwiebeln
2 Hühnerbrüste (etwa 250 g)
Salz, Pfeffer

Guss:

200 g Sahne
80 ml Kokosmilch
2 Eier, Größe M
1 Eigelb
Salz
2 TL mildes Currypulver

1 Für den Boden Tarteform mit Butter einpinseln. Backofen auf 220 °C Ober-/Unterhitze vorheizen. Zucker, Salz und Chili mischen. Blätterteig ausrollen und anstatt des üblichen Mehls dazu die Würzmischung verwenden. Nur wenn nötig, zusätzlich etwas Mehl nehmen. Blätterteig in die Form legen, Teig mit einer Gabel mehrmals einstechen und 30 Minuten in den Kühlschrank stellen. Danach 10 Minuten blindbacken wie auf Seite 182 beschrieben. Hülsenfrüchte entfernen, weitere 5–10 Minuten backen. Mit Eiweiß einstreichen und nochmals 1–2 Minuten backen. Boden aus dem Ofen nehmen, Backofentemperatur auf 200 °C reduzieren.

2 Für die Füllung Paprikaschote waschen, halbieren, schälen, entkernen und in Streifen schneiden. Brokkoli in Röschen teilen, Stiel schälen und in Scheiben schneiden. Alles in Salzwasser bissfest kochen, in kaltem Wasser abschrecken, auf einem Sieb abtropfen lassen. Lauchzwiebeln putzen, waschen und in Ringe schneiden. Hühnerbrust in Würfel schneiden.

3 Paprika, Brokkoli, Lauchzwiebeln und Hühnerwürfel vermengen, mit Salz und Pfeffer würzen und gleichmäßig auf dem Tarteboden verteilen.

4 Für den Guss Sahne mit Kokosmilch, Eiern und Eigelb verrühren, mit Salz und Curry würzen. Mit einem Stabmixer kräftig aufschlagen. Die Currysahne auf die Tartefüllung gießen. Tarte auf der untersten Schiene im vorgeheizten Backofen 50–60 Minuten backen. Nach der Hälfte der Garzeit mit Alufolie abdecken, damit der Rand nicht zu dunkel wird.

Tipp Currypulver ist kein indisches Gewürz, wie viele meinen, sondern eine Erfindung der Briten, mit der diese sich das Kochen erleichtern wollten. Sie haben dafür den Namen der indischen Saucengerichte übernommen, die je nach Region und Zubereitung mit einer anderen komplizierten Würzmischung aromatisiert werden. Die im Handel erhältlichen Currypulver schmecken sehr unterschiedlich und ihr Schärfegrad reicht von mild bis brennend. Wie bei allen Gewürzen hat Qualität auch hier ihren Preis.

Fencheltarte mit mariniertem Thunfisch

ideal für warme Sommerabende

Tarteform, 28 cm Ø

Boden:
300 g Fertig-Blätterteig
(Kühltheke oder tiefgekühlt)

Füllung:
1 große Fenchelknolle
1 EL mildes Olivenöl
Salz
100 g Frischkäse
100 g Sahne
50 ml Milch
2 Eier, Größe M
1 Eigelb
Pfeffer, milder Chili
Muskatnuss, frisch gerieben
1 TL Kapern, fein gehackt
1 EL Zitronensaft,
frisch gepresst
je 1 Msp. abgeriebene
Bio-Orangen- und Bio-
Zitronenschale

Belag:
150 g Kirschtomaten
1 EL weißer Balsamessig
2 EL Gemüsebrühe
1 EL mildes Olivenöl
Salz, Pfeffer
1 Prise milder Chili, gemahlen
1 Prise Zucker
150 g Thunfisch (Dose)
2 EL Kerbelblättchen

1 Für den Boden Tarteform mit Butter einpinseln. Blätterteig dünn ausrollen, die Tarteform damit auslegen. Teig mit einer Gabel mehrmals einstechen, 30 Minuten in den Kühlschrank stellen. Den Backofen auf 200 °C Ober-/Unterhitze vorheizen.

2 Für die Füllung Fenchel putzen, waschen und in Streifen hobeln. Fenchelgrün aufheben. Die Fenchelstreifen bei milder Hitze in Olivenöl glasig anschwitzen, etwas salzen. Auskühlen lassen und auf dem Boden verteilen.

3 Den Frischkäse mit Sahne, Milch, Eiern und Eigelb aufmixen. Mit Salz, Pfeffer, Chili, Muskatnuss, Kapern, Zitronensaft, Zitronen- und Orangenabrieb würzen. Eimischung auf den Fenchel gießen. Tarte im vorgeheizten Backofen auf der untersten Schiene 15 – 20 Minuten backen.

4 Für den Belag Fenchelgrün fein zupfen, Kirschtomaten halbieren. Balsamessig mit Gemüsebrühe und Olivenöl verrühren, mit Salz, Pfeffer, Chili und Zucker würzen. Thunfisch zerpflücken, mit Kerbelblättchen, Fenchelgrün und Kirschtomaten vermischen und mit dem Dressing vermengen. Kurz vor dem Servieren auf der Tarte verteilen.

Variante Wer keinen Thunfisch mag, lässt ihn entweder weg – dann muss das Dressing etwas kräftiger gewürzt werden. Oder man ersetzt ihn durch 150 g klein gewürfelten Schafskäse. Wer Meeresfrüchte liebt, kann auch gegarte Krabben oder ausgelöste, gegarte Muscheln nehmen.

Tipp Fenchel ist ein bei uns sehr unterschätztes Gemüse, das in den Ländern rund um das Mittelmeer nicht nur im Salat, sondern auch gern gebraten oder gegrillt als Beilage zu Fleisch und vor allem Fisch serviert wird. In Deutschland sind Fenchelknollen inzwischen fast ganzjährig frisch erhältlich. Durch seine Fähigkeit, Giftstoffe und Fette im Darm zu binden, wirkt er entgiftend und kann den Blutfettspiegel senken.

Räucherfischtarte mit Avocado

ohne Backen   einfach zuzubereiten

Boden:

1 großes türkisches
Fladenbrot (ca. 30 cm Ø)

40 g Butter

1 Knoblauchzehe

Belag:

4 geräucherte Forellenfilets,
enthäutet (200 g)

1 Bund Radieschen

1 reife, große Avocado

600 g Frischkäse

4–6 EL Milch

80 g Tafelmeerrettich (Glas)

3 EL gemischte Kräuter,
gehackt

Salz, Pfeffer

etwas milder Chili, gemahlen

1 Prise Zucker

2 Spritzer Zitronensaft

1 Für den Boden Fladenbrot halbieren und den Deckel in kleine
Würfel schneiden. Den Boden bei 200 °C im vorgeheizten Backofen
5 – 8 Minuten aufbacken und auskühlen lassen. Die Würfel mit der
Butter in einer Pfanne mit der Knoblauchzehe goldbraun und knusprig
braten, auf Küchenpapier abtropfen lassen und die Knoblauchzehe
entfernen.

2 Für die Füllung die Forellenfilets entgräten und klein schneiden.
Radieschen putzen, waschen und in Stifte schneiden. Avocado halbieren, entkernen, schälen und in Würfel schneiden.

3 Frischkäse mit Milch, Meerrettich und Kräutern glatt rühren.
Radieschen, Avocado und Forellenstücke unterheben und mit Salz,
Pfeffer, Chili, Zucker und Zitronensaft kräftig würzen. Die Füllung
gleichmäßig auf das Fladenbrot streichen, die Brotwürfel obenauf
streuen, etwas festdrücken. Das Brot nach Belieben in Stücke schneiden und servieren.

Tipp Aus der Tarte lässt sich pikantes Fingerfood zaubern, wenn der
Belag auf halbierten Mini-Brötchen angerichtet wird.

Rotweinzwiebeltarte mit Schafskäse

einfach

Tarteform, 28 cm Ø

Boden:
300 g Fertig-Blätterteig
(Kühlregal oder tiefgekühlt)

Füllung:
2 Zwiebeln (etwa 200 g)
1 EL Puderzucker
50 ml roter Portwein
150 ml dunkler Rotwein
1 kleines Lorbeerblatt
¼ Vanilleschote
1 TL Honig
Salz, Pfeffer
etwas Piment, gemahlen
150 g Schafskäse (Feta)
100 g Sahne
2 Eier
1 Prise milder Chili, gemahlen
1 TL Thymianblättchen,
gehackt
etwas Muskatnuss,
frisch gerieben

1 Backofen auf 220 °C Ober-/Unterhitze vorheizen. Tarteform mit Butter einpinseln. Für den Boden Blätterteig auf einer bemehlten Arbeitsfläche dünn ausrollen, Tarteform damit auslegen, mit einer Gabel Teig mehrmals einstechen und 30 Minuten in den Kühlschrank stellen. Wie auf Seite 182 beschrieben im Backofen 10 Minuten blindbacken. Hülsenfrüchte entfernen und weitere 5–10 Minuten backen. Boden herausnehmen, Backofen auf 200 °C zurückschalten.

2 Für die Füllung Zwiebeln schälen und in Streifen schneiden. Puderzucker in einer tiefen Pfanne karamellisieren, Zwiebelstreifen im Karamell anschwitzen, alles mit Portwein und Rotwein ablöschen. Lorbeerblatt und Vanilleschote dazugeben und den Wein verkochen lassen. Mit Honig, Salz, Pfeffer und etwas Piment würzen, auskühlen lassen, Lorbeerblatt und Vanilleschote entfernen. Zwiebeln auf dem Tarteboden verteilen.

3 Schafskäse zerbröckeln, mit Sahne und Eiern mit dem Stabmixer aufmixen. Mit Salz, Pfeffer, Chili, Thymian und Muskatnuss würzen. Käsemasse auf den Zwiebeln verteilen. Tarte im vorgeheizten Backofen 20–25 Minuten auf der untersten Schiene backen, bis sie goldbraun ist.

Tipp Einmal verwendete Vanilleschoten können nach der Verwendung ausgewaschen und wieder verwendet werden. Das Aroma hält sich sehr lange.

Kohlrabitarte mit Spinat und Pfifferlingen

relativ einfach

Tarteform, 28 cm Ø

Boden:
1 Quicheteig,
Grundrezept Seite 176
1 Eiweiß

Füllung:
300 g Kohlrabi
100 ml Gemüsebrühe
3 Schalotten
250 g junge Spinatblätter
150 g kleine Pfifferlinge
1 EL Butter
Salz, Pfeffer
1 Prise milder Chili, gemahlen
1 Prise Kümmel, gemahlen
1 Msp. abgeriebene Bio-
Zitronenschale
1 EL Petersilie, fein geschnitten

Guss:
150 g Frischkäse
150 g Sahne
3 Eier, Größe M
1 Eigelb
1 Prise Chili, gemahlen
etwas Muskatnuss,
frisch gerieben

1 Für den Boden einen Quicheteig wie auf Seite 177 beschrieben zubereiten, in die Form geben und Teig mit einer Gabel mehrmals einstechen. Den Backofen auf 200 °C Ober-/Unterhitze vorheizen und den Boden wie auf Seite 182 beschrieben 10 Minuten blindbacken. Hülsenfrüchte entfernen, weitere 15 Minuten backen, mit Eiweiß einstreichen, nochmals 1–2 Minuten backen. Herausnehmen, Backofentemperatur halten.

2 Für die Füllung Kohlrabi schälen, vierteln und in 3–4 mm dicke Scheiben schneiden. Kohlrabi mit Brühe in einem Topf bei milder Hitze zugedeckt 15 Minuten weich dünsten. Auf einem Sieb abtropfen lassen, die Flüssigkeit für den Guss aufbewahren. Schalotten schälen und in Streifen schneiden. Spinat putzen, waschen und abtropfen lassen. Pfifferlinge putzen, kurz waschen und sofort auf einem Küchentuch trocknen.

3 Schalottenstreifen in einer tiefen Pfanne in der Butter glasig anschwitzen, Pfifferlinge dazugeben, kurz mitbraten, mit Salz, Pfeffer, Chili, Kümmel und Zitronenschale würzen. Spinat dazugeben und andünsten. Petersilie dazugeben und etwas nachsalzen.

4 Für den Guss Kohlrabikochflüssigkeit mit Frischkäse, Sahne, Eiern und Eigelb mit dem Stabmixer aufmixen und mit Salz, Pfeffer, Chili und Muskatnuss kräftig würzen. Die abgetropften Kohlrabistücke mit dem Spinat auf dem Boden verteilen, mit dem Guss begießen. Die Tarte im vorgeheizten Backofen auf der unteren Schiene 40 Minuten backen. Warm servieren.

Tipp Geht mit einem vorgebackenen Boden noch schneller!

Restetarte

leicht zu variieren

Tarteform, 28 cm Ø

Boden:
1 Quicheteig,
Grundrezept Seite 176
1 Eiweiß

Füllung:
250 g gemischtes Gemüse
(nach Belieben: Möhren,
Paprika, Kohlrabi,
Zwiebeln, Erbsen)
50 g Pilze
1 TL Butter
1 Prise Kümmel, gemahlen
1 Msp. abgeriebene
Bio-Zitronenschale
Salz, Pfeffer
150 g kalter Braten,
gekochtes Fleisch, Wurst oder
Schinken (nach Belieben)

Guss:
150 g Frischkäse
150 ml Milch
1 Eigelb
3 Eier, Größe M
80 g Käse, gerieben
Salz, Pfeffer
1 Prise milder Chili, gemahlen
1 Prise getrocknetes
Bohnenkraut
etwas Muskatnuss,
frisch gerieben

1 Für den Boden einen Quicheteig wie auf Seite 177 beschrieben zubereiten und in die Form geben, Teig mit einer Gabel mehrmals einstechen. Den Backofen auf 200 °C Ober-/Unterhitze vorheizen und den Boden wie auf Seite 182 beschrieben 10 Minuten blindbacken. Hülsenfrüchte entfernen, weitere 15 Minuten backen, mit Eiweiß einstreichen, nochmals 1–2 Minuten backen. Herausnehmen, Backofentemperatur halten.

2 Für die Füllung Gemüse putzen, klein schneiden, blanchieren und abtropfen lassen. Beiseitestellen. Pilze putzen, klein schneiden und in einer Pfanne in der Butter 1–2 Minuten anbraten. Mit Kümmel, Zitronenschale, Salz und Pfeffer würzen. Fleisch, Wurst und/oder Schinken klein schneiden. Alle Zutaten auf dem vorgebackenen Boden verteilen.

3 Für den Guss Frischkäse, Milch, Eigelb und Eier mit dem Handrührer aufschlagen und den Reibekäse unter die Mischung rühren. Mit Salz, Pfeffer, Chili, Bohnenkraut und Muskatnuss würzen. Guss über das Gemüse gießen und Tarte im vorgeheizten Backofen auf der untersten Schiene 30 Minuten backen.

Tipp Mit einem Fertig-Blätterteig oder einem vorgebackenen, tiefgekühlten Teig ist die Restetarte wirklich blitzschnell auf dem Tisch.

Spargeltarte mit Schinken

wenig Zutaten

Tarteform, 28 cm Ø

Boden:
1 salziger Mürbeteig,
Grundrezept 2 Seite 176
1 Eiweiß

Füllung:
200 g weißer Spargel
200 g grüner Spargel
100 g gekochter Hinterschinken
2 EL Petersilie, fein geschnitten

Guss:
150 g Frischkäse
150 ml Milch
80 g Sahne
3 Eier, Größe M
1 Eigelb
Salz, Pfeffer
1 Prise milder Chili, gemahlen
etwas Muskatnuss,
frisch gerieben

1 Für den Boden einen Mürbeteig wie auf Seite 177 zubereiten und in die Form geben, Teig mit einer Gabel mehrmals einstechen. Den Backofen auf 200 °C Ober-/Unterhitze vorheizen und den Boden wie auf Seite 182 beschrieben 10 Minuten blindbacken. Hülsenfrüchte entfernen, weitere 15 Minuten backen, mit Eiweiß einstreichen, nochmals 1–2 Minuten backen. Tarteboden herausnehmen, Backofentemperatur halten.

2 Für die Füllung Spargel schälen und holzige Enden entfernen. Spargel schräg in 5 mm dicke Scheiben schneiden. Schinken in Streifen schneiden. Spargel, Schinken und Petersilie vermischen und auf dem Tarteboden verteilen.

3 Für den Guss Frischkäse mit Milch, Sahne, Eiern und Eigelb verquirlen und mit Salz, Pfeffer, Chili und Muskatnuss kräftig würzen. Auf den Spargel gießen. Tarte im vorgeheizten Backofen 35 Minuten auf der untersten Schiene backen.

Süße Tartes

Das Schönste für mich an dieser aus Frankreich stammenden
Köstlichkeit ist ihre Vielseitigkeit. Ursprünglich bestanden
Tartes immer aus einem Mürbeteigboden mit süßer oder
salziger Füllung. Schon das eröffnete viel Spielraum für
Variationen. Da heutzutage auch andere Böden verwendet
werden, ergeben sich fast unzählige Möglichkeiten. Zudem
können die einzelnen Schichten der Beläge ebenfalls neu
miteinander kombiniert werden. Allein die Kombination
der Böden und Füllungen lässt so viele Variationen zu, dass
ich ungern zweimal denselben Kuchen backe.

Klassiker – neu erfunden

Espressotarte mit Kahlúa

für die festliche Kaffeetafel

Tarteform, 28 cm Ø

Boden:
Schokoladenmürbeteig,
Grundrezept Seite 180

Füllung:
450 g Crème double
oder Sahne
2 TL Instant-Espressopulver
1 EL Kahlúa oder anderer
Kaffeelikör (nach Belieben)
3 Eier, Größe L
125 g Rohrzucker

Belag:
200 g Schokolade,
70% Kakaogehalt
80 g Butter
2 EL Honig

Foto s. S. 94/95

1 Für den Boden einen Schokoladenmürbeteig zubereiten, wie auf Seite 181 beschrieben in die Tarteform geben und 16 Minuten blind-backen. Aus dem Ofen nehmen und die Backofentemperatur auf 175 °C Ober-/Unterhitze reduzieren.

2 Für die Füllung Crème double aufkochen und den Topf vom Herd nehmen. Das Espressopulver in der warmen Masse auflösen und den Kahlúa unterrühren. Eier und Zucker in einer Schüssel mit dem Handrührgerät verquirlen. Unter ständigem Rühren langsam die warme Espressosahne zur Eiermischung geben und glatt rühren.

3 Die Füllung auf den Tarteboden gießen – am besten in der Nähe des Backofens, denn die Tarte mit der flüssigen Füllung lässt sich schlecht transportieren, weil die Flüssigkeit überschwappen kann. Auf die mittlere Schiene in den vorgeheizten Backofen schieben und 30 Minu-ten backen. Tarte herausnehmen und abkühlen lassen.

4 Für den Belag Schokolade zerbröckeln und mit Butter und Honig in einer Schüssel über dem Wasserbad schmelzen. Die flüssige Masse auf die kalte Espressofüllung gießen. Im Kühlschrank mindestens 1 Stunde fest werden lassen. Nach Belieben mit Schokosplittern oder Kaffee-bohnen dekorieren.

Zitronentarte

erfrischend & sommerlich

Tarteform, 28 cm Ø

Boden:

1 Mandelmürbeteig,
Grundrezept Seite 180
1 Eiweiß

Füllung:

200 ml Zitronensaft,
frisch gepresst
200 ml Orangensaft,
frisch gepresst (nach
Geschmack auch Weißwein)
140 g Zucker
3 Eier, Größe L
4 Eigelb
2½ Blatt Gelatine
120 g Butter

**Kandierte
Zitronenscheiben:**

150 g Zucker
1 Zitrone

Foto s. S. 94/95

Diese Tarte gelingt mit jedem Saft. Ich habe aus diesem Rezept schon viele Variationen gebastelt, beispielsweise mit Litschi-, Grapefruit-, Granatapfel-, Cranberry-, Maracuja- oder Holundersaft. Gut macht sich auch, wenn ein Teil des Saftes durch Likör ersetzt wird (z.B. Grand Marnier, Amaretto, Kirschlikör). Da Säfte unterschiedlich süß sind, muss die Zuckermenge jeweils angepasst werden.

1 Für den Boden einen Mandelmürbeteig zubereiten, wie auf Seite 181 beschrieben in die Tarteform geben und 18 Minuten blindbacken. Aus dem Ofen nehmen und dünn mit Eiweiß bepinseln. Erneut 1 Minute backen, herausnehmen und abkühlen lassen.

2 Für die Füllung Zitronen- und Orangensaft in einem Topf aufkochen und vom Herd ziehen. Zucker, Eier und Eigelb in einer Schüssel mit einem Schneebesen verrühren und den Saft unter Rühren in die Eimasse gießen. Das Ganze wieder in den Topf geben und erneut bei geringer Hitze aufkochen. 5 Minuten unter Rühren leicht köcheln lassen, bis die Masse etwas eindickt.

3 Gelatine in kaltem Wasser 5 Minuten einweichen, ausdrücken und in der heißen (nicht mehr kochenden) Masse auflösen. Butter einrühren. Masse etwas abkühlen lassen und auf dem Tarteboden verteilen. Im Kühlschrank mindestens 3 Stunden fest werden lassen.

4 Für die kandierten Zitronenscheiben den Zucker mit 100 ml Wasser in einer beschichteten Pfanne aufkochen, bis ein dickflüssiger Zuckersud entsteht (Läuterzucker). Die Zitrone in möglichst dünne (1 mm) Scheiben schneiden, zum Läuterzucker in die Pfanne legen und 10 Minuten bei milder Hitze köcheln. Eventuell etwas Wasser nachgießen. Zitronenscheiben herausnehmen und auf die fertige Tarte legen.

Tipp Diese Tarte eignet sich auch sehr gut für 6–7 Tarteletteformen (10 cm Ø). Dafür die Dekoration weglassen. Stattdessen Tartelettes mit je ½ TL Zucker bestreuen und mit einem Bunsenbrenner karamellisieren.

Milchreistarte mit Zimtkirschen

schmeckt auch Kindern gut

Milchreis:

100 g Milchreis

400 ml Milch

etwas abgeriebene
Bio-Zitronenschale

½ TL gemahlene Vanille

½ TL Salz

2 EL Zucker

Boden:

Mandelmürbeteig,
Grundrezept Seite 180

Füllung:

250 g Ricotta

50 g Sauerrahm

70 g Zucker

¼ TL gemahlene Vanille

2 Eier, Größe L

450 g Milchreis, gegart
(siehe oben)

Belag:

1 Glas Kirschen (350 g
Abtropfgewicht) oder frische
Kirschen und 300 ml Kirschsaft

2 gehäufte EL Speisestärke
(30 g)

150 g Zucker

1 Prise Salz

1 Zimtstange (5 cm)

1 Für den Milchreis in einem Topf Reis, Milch Zitronenschale, Vanille, Salz und Zucker unter Rühren zum Kochen bringen, Herdplatte ausschalten und Reis etwa 20 Minuten mit geschlossenem Deckel ziehen lassen, bis er die Milch aufgesogen hat, dabei gelegentlich umrühren. Vom gegarten Milchreis 450 g für die Füllung abwiegen.

2 Für den Boden einen Mandelmürbeteig zubereiten, wie auf Seite 181 beschrieben in die Tarteform geben und 16 Minuten blindbacken. Aus dem Ofen nehmen und die Backofentemperatur auf 160 °C Ober-/Unterhitze reduzieren.

3 Ricotta, Sauerrahm, Zucker und Vanille mit dem Schneebesen gut verrühren. Eier untermischen. Milchreis unterrühren. Die Masse auf dem Tarteboden verteilen und die Tarte 20 Minuten auf der mittleren Schiene im vorgeheizten Backofen backen. Anschließend den Kuchen herausnehmen und abkühlen lassen.

4 Für den Kirschbelag die Kirschen abtropfen lassen und den Saft auffangen. 300 ml des Saftes, Speisestärke, Zucker, Salz und Zimtstange in einem Topf verrühren. Bei mittlerer Hitze unter Rühren aufkochen und in 3 Minuten dicklich einkochen. Die Zimtstange herausnehmen, die Kirschen dazugeben und das Ganze auf der Milchreisschicht verteilen. Vor dem Servieren abkühlen lassen.

Mascarponecremetarte mit Himbeeren

wunderbar als Dessert

Boden:
Mandelmürbeteig,
Grundrezept Seite 180

Belag:
5 Blatt Gelatine
2 EL Amaretto
6 Eigelb
1 EL Honig
130 g Zucker
400 g Mascarpone
300 g Himbeeren (oder andere
Früchte nach Belieben)

1 Für den Boden einen Mandelmürbeteig zubereiten, wie auf Seite 181 beschrieben in die Tarteform geben und 18 Minuten blind backen. Aus dem Ofen nehmen und abkühlen lassen.

2 Für die Mascarponecreme Gelatine 5 Minuten in kaltem Wasser einweichen. Amaretto in einem kleinen Topf erwärmen, die Gelatine ausdrücken und darin auflösen. Eigelbe, Honig und Zucker 5 Minuten in einer Schüssel über dem Wasserbad mit einem Schneebesen hellgelb schaumig schlagen.

3 Die Amarettogelatine zügig in die Eigelbmasse rühren. Dann den Mascarpone unterrühren. Die Mascarponecreme auf dem Tarteboden verteilen und anschließend die Himbeeren daraufsetzen. Etwa 1 Stunde kühl stellen, bis die Mascarponecreme durchgeliert und fest geworden ist.

Nusstarte mit Schokoguss

edel ✣ für Gäste

Den Guss streichen meine Kinder auch gern aufs Brot. Er lässt sich bei Zimmertemperatur gut verarbeiten, man kann damit wunderbar Torten verkleiden oder ihn als Füllung verwenden. Ich mache deswegen meist gleich die doppelte Menge, denn er hält sich im Kühlschrank zwei Wochen.

Tarteform, 28 cm Ø

Boden:
Nugatmürbeteig,
Grundrezept Seite 180

Füllung:
400 g gezuckerte Kondensmilch
(Asialaden; Supermarkt)
200 g Sahne
¼ TL gemahlene Vanille
1 Prise Salz
200 g Haselnüsse, gemahlen
2 Eigelb
1 Ei, Größe L

Guss:
60 g Puderzucker
120 g Sahne, leicht erwärmt
1 EL Honig
100 g Schokolade, 50–60 %
Kakaoanteil, gehackt
100 g Schokolade, 70–75 %
Kakaoanteil, gehackt
150 g weiche Butter
ein paar Haselnüsse
zum Dekorieren

1 Für den Boden einen Nugatmürbeteig zubereiten, wie auf Seite 181 beschrieben in die Tarteform geben und 16 Minuten blindbacken. Aus dem Ofen nehmen und die Backofentemperatur auf 175 °C Ober-/ Unterhitze reduzieren.

2 Für die Füllung Kondensmilch mit Sahne, Vanille und Salz in einem großen Topf unter Rühren bei mittlerer Hitze aufkochen und 5 Minuten bei kleiner Hitze köcheln lassen. Dabei ständig rühren, damit nichts anbrennt. Den Topf vom Herd nehmen und die Nüsse einrühren. Unter ständigem Rühren die Eigelbe und das Ei zugeben. Die Nussmasse auf dem Tarteboden verteilen und 15 Minuten im vorgeheizten Backofen auf der mittleren Schiene backen. Die Tarte abkühlen lassen.

3 Für den Guss in einem größeren Topf Puderzucker bei mittlerer Hitze karamellisieren lassen. Sobald der Zucker beginnt flüssig zu werden, mit einem Holzlöffel umrühren, bis er sich vollständig aufgelöst hat. Die Sahne dazugießen und umrühren, bis sich alle Stückchen wieder aufgelöst haben. Sollten sie sich nicht auflösen, noch einmal kurz auf den Herd stellen und bei geringer Hitze rühren, bis alles wieder flüssig ist. Den Honig zugeben und ebenfalls auflösen.

4 Beide Sorten gehackte Schokolade in eine Schüssel geben und mit der heißen Karamellflüssigkeit übergießen. 3 Minuten ruhen lassen und anschließend mit einem Schneebesen verrühren, bis die Schokolade sich aufgelöst hat. Zum Schluss die Butter zugeben und gut einrühren. Den Schokoladenguss auf der Tarte verteilen. Mit ganzen oder gehackten Nüssen dekorieren. Vor dem Servieren mindestens 30 Minuten im Kühlschrank fest werden lassen.

Variante Für eine *Vanillecreme* anstelle des Schokoladengusses 80 g sehr weiche Butter mit 200 g Frischkäse, ¼ TL gemahlene Vanille und 80 g Puderzucker mit dem Handmixer glatt rühren. Den Belag auf der Nussfüllung verteilen, 30 Minuten im Kühlschrank fest werden lassen.

Japonaistarte mit Nugat

etwas Besonderes ✑ aufwendiger Boden

Backpapierkreis, 28 cm Ø

Boden:
1 Japonais-Teig für 2 Böden,
Grundrezept Seite 184

Füllung:
4 Eigelb
1 EL Zucker
200 ml Milch
200 g Nugat
250 g weiche Butter
12 Schokoröllchen Zebra

1 Für die Tarte zwei Japonaisböden backen wie auf Seite 184 beschrieben.

2 Für die Füllung Eigelbe und Zucker 5 Minuten mit den Rührbesen des Handrührgerätes cremig schlagen. Milch in einem Topf aufkochen, die Hälfte davon unter Rühren zur Eigelbcreme geben. Eigelb-Milch-Mischung zur restlichen Milch in den Topf schütten, unter Rühren bei geringer Hitze aufkochen und vom Herd nehmen. Nugat in der Eigelb-Milch-Mischung schmelzen und schaumig schlagen, bis die Mischung kalt ist. Den Topf dazu in einen größeren Topf mit Eiswasser stellen, um das Abkühlen zu beschleunigen.

3 Die Butter in einer Schüssel mit dem Handrührgerät schaumig schlagen. Die Nugatmischung nach und nach zur Butter geben und alles bei hoher Geschwindigkeit zu einer cremigen Masse schlagen. Butter und die kalt geschlagene Nugatmasse müssen die gleiche Temperatur haben, damit die Buttercreme nicht gerinnt.

4 Einen Japonaisboden auf einen Kuchenteller legen und mit der Füllung bestreichen, etwas von der Creme für die Dekoration aufheben. Den zweiten Boden auf die Creme legen. Die restliche Creme in einen Spritzbeutel mit Tülle füllen und Rosetten auf die Oberfläche spritzen. Zum Schluss je 1 Zebraröllchen auf jede Rosette legen.

Tipp Die Buttercreme hält sich im Kühlschrank 2–3 Tage.

Apple Pie mit Amarettini

rustikal ✿ haltbar

Tarteform, 28 cm Ø

Boden:
Mandelmürbeteig, doppelte
Menge des Grundrezepts
Seite 180

Füllung:
2 EL Speisestärke
150 ml Apfelsaft
600 g Äpfel, geschält und
in Spalten geschnitten
abgeriebene Schale
von ½ Bio-Zitrone
2 EL Zitronensaft,
frisch gepresst
80 ml Ahornsirup
50 g brauner Zucker
1 Zimtstange
2 Scheiben Ingwerwurzel,
3 mm dick
1 Sternanis
1 Prise Salz
50 g Butter, in Stückchen
geschnitten
100 g Amarettini, zerbröselt
1 Eigelb
Zucker zum Bestreuen

1 Für den Boden einen Mandelmürbeteig wie auf Seite 181 beschrieben zubereiten, die Hälfte des Teigs in die Tarteform geben und 16 Minuten blindbacken. Aus dem Ofen nehmen und die Backofentemperatur auf 175 °C Ober-/Unterhitze reduzieren. Die andere Hälfte des Teigs wieder in den Kühlschrank stellen.

2 Für die Füllung die Speisestärke mit 4 EL Apfelsaft glatt rühren, beiseitestellen. Den restlichen Apfelsaft, Apfelspalten, Zitronenschale, Zitronensaft, Ahornsirup, Zucker, Zimt, Ingwer, Sternanis und Salz in einen Topf geben und aufkochen. Bei kleiner Hitze etwa 5 Minuten köcheln lassen. Gewürze entfernen. Speisestärke-Apfelsaft-Mischung in die Masse rühren und erneut aufkochen.

3 Den Topf vom Herd nehmen und die Butter in der Masse schmelzen, anschließend die zerbröselten Amarettini in die Mischung einrühren. Füllung etwas abkühlen lassen und auf dem Tarteboden verteilen.

4 Den restlichen Mürbeteig ausrollen und in Streifen schneiden. Teigstreifen noch einmal kurz in den Kühlschrank legen, dann lassen sie sich besser weiterverarbeiten. Die Streifen in Gitterform auf die Tarte legen. Mit Eigelb bepinseln und mit Zucker bestreuen. Die Tarte im vorgeheizten Backofen auf der mittleren Schiene 30 Minuten backen, herausnehmen und abkühlen lassen.

Variante Für einen fruchtigen *Rhabarber Pie* die Apfelspalten durch 400 g in Stücke geschnittenen Rhabarber und 200 g Himbeeren ersetzen.

Tipp Statt der Streifen die zweite Hälfte des Mürbeteigs als geschlossene Platte auf die Tarte legen, mit Keksausstechern aus den Resten Ornamente ausstechen, z. B. Tannenbäume, Hasen, Kleeblätter, und auf die Platte legen: Sieht hübsch aus und schmückt den Kuchen passend zum Anlass.

Sachertarte mit Johannisbeergelee

der Klassiker schlechthin ✑ schmeckt immer

Tarteform, 28 cm Ø

Boden:
1 Schokoladenmürbeteig,
Grundrezept Seite 180

Füllung:
220 g Schwarze-
Johannisbeer-Gelee

Schokoladenbiskuit:
75 g Schokolade,
70% Kakaoanteil
3 Eier, Größe L
50 g Marzipan
80 g weiche Butter
75 g Mehl
1 ½ EL Kakaopulver
½ TL Backpulver
40 g Mandeln, gemahlen
1 Prise Salz
75 g Zucker
100 ml Cassis (Likör aus
schwarzen Johannisbeeren)

Guss:
100 g Sahne
100 g Schokolade, 70%
Kakaoanteil, gemahlen
Puderzucker

1 Für den Boden einen Schokoladenmürbeteig zubereiten, wie auf Seite 181 beschrieben in die Tarteform geben und 16 Minuten blindbacken. Aus dem Ofen nehmen und die Backofentemperatur auf 175 °C Ober-/Unterhitze reduzieren.

2 Für die Füllung vom Johannisbeergelee 120 g in einem Töpfchen erwärmen und den Tarteboden damit bestreichen, auskühlen und fest werden lassen.

3 Für den Schokoladenbiskuit die Schokolade in einer Schüssel über dem Wasserbad schmelzen, dann die Schüssel vom Wasserbad herunternehmen. Die Eier trennen und das Marzipan auf einer Reibe fein reiben. Butter, Eigelb und Marzipan zur flüssigen Schokolade geben. Mit den Rührbesen des Handrührgerätes in 5 Minuten schaumig rühren.

4 Mehl, Kakao und Backpulver in eine Schüssel sieben und die gemahlenen Mandeln dazugeben. Das Eiweiß mit dem Salz steif schlagen und den Zucker langsam einrieseln lassen. Ein Drittel des Eischnees und die Mehlmischung in die Schokoladenmasse rühren. Zum Schluss den restlichen Eischnee vorsichtig unterheben.

5 Die Biskuitmasse auf dem Johannisbeergelee verteilen. Form in den vorgeheizten Backofen schieben, 30–40 Minuten auf der mittleren Schiene backen und Tarte herausnehmen. Den Kuchen mit einem Holzstäbchen mehrmals einstechen und gleichmäßig mit dem Cassis beträufeln. Abkühlen lassen. Das restliche Johannisbeergelee (100 g) erwärmen und auf dem Kuchen verteilen, wieder alles abkühlen lassen.

6 Für den Guss die Sahne aufkochen und über die Schokolade in einer Schüssel gießen, 2 Minuten stehen lassen und dann rühren, bis die Schokolade geschmolzen ist. Den Schokoladenguss auf dem Gelee verteilen. Tarte mindestens 30 Minuten kühl stellen, bis der Guss fest geworden ist. Vor dem Servieren mit Puderzucker bestäuben.

Mousse-au-Chocolat-Tarte

üppiger Schokoladentraum

Tarteform, 28 cm Ø

Boden:

1 Schokoladenmürbeteig,
Grundrezept Seite 180

Belag:

225 g Schokolade,
70 % Kakaoanteil

2 Eier, Größe L

4 EL Zucker

250 g Mascarpone

300 g Sahne

1 Prise Salz

3 Blatt Gelatine

3 EL Weinbrand (30 ml),
ersatzweise Milch

1 Riegel Schokolade
(nach Belieben)

1 Für den Boden einen Schokoladenmürbeteig zubereiten, wie auf Seite 181 beschrieben in die Tarteform geben und 18 Minuten blind-backen. Aus dem Ofen nehmen und abkühlen lassen.

2 Schokolade in Stücke brechen und in einem Schüsselchen über dem Wasserbad schmelzen. Eier trennen. In einer Schüssel Eigelb und 1 EL Zucker mit den Rührbesen des Handrührgerätes hellgelb schaumig schlagen, nach und nach Mascarpone und geschmolzene Schokolade unterrühren.

3 In einer zweiten Schüssel Sahne mit 1 EL Zucker steif schlagen. Eiweiß mit Salz ebenfalls in einer Schüssel steif schlagen und rest-lichen Zucker (2 EL) einrieseln lassen. Gelatine 5 Minuten in kaltem Wasser einweichen.

4 Weinbrand in einem Töpfchen erwärmen, vom Herd nehmen, Gelatine ausdrücken und darin auflösen. 2 EL der Schokoladenmasse in der Weinbrand-Gelatine-Mischung glatt rühren. Diese Mischung gut mit der restlichen Schokoladenmasse verrühren. Sahne und Eischnee unterheben und die Füllung auf dem Tarteboden verteilen. Vor dem Servieren etwa 1 Stunde im Kühlschrank fest werden lassen. Mit dem Sparschäler etwas Schokolade auf den Belag raspeln.

Tipp Mit Chilischokolade wird die Tarte ein ganz besonderes Geschmackserlebnis!

Esterházytarte

macht Eindruck 🦢 für Nugatfreunde

Esterházytorte ist eine Mandel-Schokoladen-Torte, die nach Pál Antal Esterházy benannt wurde, einem bekannten Mitglied der ungarischen Fürstenfamilie, der Diplomat im Dienst des österreichischen Kaiserhauses war. Leider wissen wir heute nicht mehr, wie der Kuchen zu dem Namen kam. Meine Tarteversion jedenfalls geht etwas schneller als die klassische Torte, für die fünf Baiserböden gebacken werden müssen. Sie ist aber nicht weniger eindrucksvoll und köstlich.

Tarteform, 28 cm Ø

Boden:
1 Nugatmürbeteig,
Grundrezept Seite 180

Marzipanschicht:
150 g getrocknete Aprikosen
150 ml Orangensaft, frisch
gepresst
120 g Marzipanrohmasse,
grob zerkleinert

Nugatschicht:
70 g Sahne
200 g Nugat, in kleinen
Stücken
3 Eigelb

Baiser:
4 Eiweiß (150 g)
1 Prise Salz
120 g Zucker
120 g Haselnüsse,
geröstet und gemahlen

1 Für den Boden einen Nugatmürbeteig zubereiten, wie auf Seite 181 beschrieben in die Tarteform geben und 16 Minuten blindbacken. Aus dem Ofen nehmen und die Backofentemperatur auf 175 °C Ober-/Unterhitze reduzieren.

2 Für die Marzipanschicht Aprikosen in kleine Würfel schneiden, in einen Topf geben und mit Orangensaft aufkochen. Den Topf vom Herd nehmen und das Marzipan dazugeben. Alles zu einer geschmeidigen Masse pürieren und auf dem Tarteboden verstreichen.

3 Für die Nugatschicht Sahne in einem Töpfchen aufkochen und über den Nugat in eine Schüssel gießen. Verrühren, bis die Stücke geschmolzen sind und die Masse etwas abgekühlt ist, dann die Eigelbe einrühren. Die Nugatmasse auf der Marzipanmasse verstreichen.

4 Für das Baiser Eiweiß mit Salz steif schlagen, den Zucker einrieseln lassen und weiterschlagen, bis ein schnittfester, glänzender Schnee entstanden ist. Die Nüsse unter den Eischnee heben und die Nussmasse auf der Nugatmasse verteilen – am besten mit einem Spritzbeutel. Die Tarte auf der mittleren Schiene etwa 35 Minuten backen, herausnehmen und abkühlen lassen.

Mohntarte mit Aprikosen

saftig & fruchtig

Tarteform, 28 cm Ø

Boden:
1 Mandelmürbeteig,
Grundrezept Seite 180

Füllung:
200 ml Milch
100 g Mohn
60 g brauner Zucker
1 TL Honig
1 Prise Salz
50 g Butter
2 Eier, Größe L
1 Eigelb
100 g Mandeln, gemahlen
1 gestr. TL Backpulver
1 gestr. TL gemahlener Zimt
300 g Aprikosen, entsteint
und klein gewürfelt
oder Dosenaprikosen
(240 g Abtropfgewicht)

Creme:
80 g sehr weiche Butter
200 g Frischkäse, raum-
temperiert
¼ TL gemahlene Vanille
80 g Puderzucker
1 EL Grand Marnier
(ersatzweise Orangen-
oder Zitronensaft)

1 Für den Boden einen Mandelmürbeteig zubereiten, wie auf Seite 181 beschrieben in die Tarteform geben und 16 Minuten blindbacken. Aus dem Ofen nehmen und die Backofentemperatur auf 175 °C Ober-/Unterhitze reduzieren.

2 Für die Füllung Milch mit Mohn, Zucker, Honig und Salz in einem Topf aufkochen und ohne Deckel bei geringer Hitze 5 Minuten kochen lassen. Den Topf vom Herd nehmen und die Butter in der Masse schmelzen. Etwas abkühlen lassen. Eier und Eigelb nacheinander einrühren.

3 In einer Schüssel Mandeln, Backpulver und Zimt mischen und in die Milch-Eier-Mischung rühren, zum Schluss die Aprikosenwürfel unterheben. Die Füllung auf dem Tarteboden verteilen. Form auf der mittleren Schiene in den vorgeheizten Backofen schieben und 25–30 Minuten backen. Tarte herausnehmen und abkühlen lassen.

4 Für die Creme alle Zutaten mit dem Handmixer in einer Schüssel glatt rühren. Es ist sehr wichtig, dass die Butter wirklich weich ist, denn sonst vermischt sie sich nicht mit den anderen Zutaten, und es bleiben kleine Klümpchen zurück. Die Creme auf dem erkalteten Kuchen verteilen. Die Tarte vor dem Servieren 30 Minuten im Kühlschrank fest werden lassen.

Tipp Mürbeteigreste können auch in beliebigen kleinen Backformen »verbacken« werden. Für das Foto wurde beispielsweise eine quadratische Form verwendet.

Tarte Tatin mit Ananas und Minze

schnell & einfach

geschlossene
Tarteform, 28 cm Ø

Belag:
1 Ananas
75 g Butter
75 g Zucker
1 Handvoll Minzeblättchen,
grob gehackt

Boden:
1 Fertig-Blätterteig
(Kühltheke oder tiefgekühlt)

1 Backofen auf 220 °C Ober-/Unterhitze vorheizen. Für den Belag Ananas schälen, vierteln und das feste, helle Innere herausschneiden. Ananas in kleine Würfel schneiden. Butter und Zucker in einer Pfanne schmelzen. Ananaswürfel und die Hälfte der Minze dazugeben. Alles etwa 15 Minuten unter gelegentlichem Rühren köcheln. Die Flüssigkeit der Ananas sollte weitestgehend verdampfen. Ist das Karamell zu flüssig, die Hitze etwas höher stellen, aber aufpassen, dass nichts anbrennt.

2 Die Pfanne vom Herd nehmen, die karamellisierten Ananaswürfel in eine geschlossene Tarteform füllen und gleichmäßig auf dem Boden verteilen. Den Blätterteig in Größe der Form ausrollen und auf die Ananaswürfel legen. Aufpassen, dass sie vollkommen bedeckt sind, und der Teig die Form ganz ausfüllt.

3 Tarte auf der mittleren Schiene in den vorgeheizten Backofen schieben und 20–25 Minuten backen. Die fertige Tarte 10 Minuten in der Form abkühlen lassen und dann auf eine Kuchenplatte stürzen. Mit der restlichen Minze bestreuen.

Varianten Für eine *klassische Tarte Tatin* statt der Ananas und der Minze 4 Äpfel nehmen, schälen, in Spalten schneiden, mit etwas Zimt bestreuen und in den Karamell geben.
Die Tarte kann auch *mit Mürbeteig* zubereitet werden, dann sollte sie allerdings nur bei 200 °C 20–25 Minuten gebacken werden.

Tipps Tarte Tatin schmeckt warm, mit etwas Sahne oder Eis serviert, besonders gut.
In einer speziellen Tarte-Tatin-Form müssen die Äpfel nicht umgefüllt werden, denn sie kann zur Herstellung des Karamells direkt auf den Herd gestellt werden.

Die Außer-
gewöhnlichen

Kokostarte mit Mango

exotisch ✌ gut als Dessert

Tarteform, 28 cm Ø

Boden:
1 Kokosmürbeteig,
Grundrezept Seite 180
50 g dunkle Schokolade

Füllung:
250 ml Kokosmilch
300 g Sahne
60 g Zucker
6 Blatt Gelatine
100 ml Kokoslikör
(Batida de Coco)

Belag:
1 Dose Mango
(250 g Fruchteinwaage)
130 ml Mangosaft
1 gehäufter EL Speisestärke
25 g Zucker
1 Prise Salz
1 EL Zitronensaft,
frisch gepresst

Curryzucker:
90 g Kandiszucker
½ EL milder Curry
25 g Bananenchips

Foto s. S. 118/119

1 Für den Boden einen Kokosmürbeteig zubereiten, wie auf Seite 181 beschrieben in die Tarteform geben und 18 Minuten blindbacken. Aus dem Ofen nehmen und abkühlen lassen. Schokolade in einem Schüsselchen über dem Wasserbad schmelzen, den Tarteboden damit bepinseln und die Schokolade fest werden lassen.

2 Für die Füllung Kokosmilch, Sahne und Zucker in einem Topf aufkochen und 5 Minuten bei geringer Hitze köcheln lassen. Gelatine in kaltem Wasser einweichen, ausdrücken und in der Kokossahne (darf nicht mehr kochen) auflösen. Kokoslikör dazugeben. Topf vom Herd nehmen, alles etwas abkühlen lassen. Füllung auf den Tarteboden gießen und im Kühlschrank 2 Stunden vollständig fest werden lassen.

3 Für den Belag Mangoscheiben in einem Sieb abtropfen lassen und in Würfel schneiden. Saft in einen Topf geben, 6 EL davon mit Speisestärke glatt rühren. Zucker, Salz und Zitronensaft zum Saft geben und alles aufkochen. Angerührte Speisestärke zugeben und erneut aufkochen. Mangowürfel unterheben, alles etwas abkühlen lassen und auf der fest gewordenen Füllung verteilen. Im Kühlschrank 2 Stunden durchkühlen und aushärten lassen.

4 Für den Curryzucker alle Zutaten in der Küchenmaschine durchmixen. Die Tarte vor dem Servieren mit 2 – 3 EL Curryzucker bestreuen.

Tipps Mangorosen sind eine tolle Deko für die Tarte. Dazu Mangos in möglichst dünne Streifen schneiden, die Streifen zu Rosenblüten rollen und auf die Füllung setzen.
Die Menge des Curryzuckers reicht für mehr als eine Tarte. In eine Dose gefüllt, ist er aber gut haltbar und auch für andere Dinge zu verwenden. Wem der Curryzucker zu exotisch ist, kann ihn einfach weglassen.

Balsamico-Schokoladentarte

macht Eindruck

Tarteform, 28 cm Ø

Boden:
1 Schokoladenmürbeteig,
Grundrezept Seite 180

Dunkle Füllung:
175 g Schokolade, 70 %
Kakaoanteil
150 g Sahne
40 g Butter
60 ml Balsamessig

Helle Füllung:
200 g weiße Schokolade
120 g weiche Butter
80 g Puderzucker
360 g Doppelrahmfrischkäse

Foto s. S. 118/119

1 Für den Boden einen Schokoladenmürbeteig zubereiten, wie auf Seite 181 beschrieben in die Tarteform geben und 18 Minuten blindbacken. Aus dem Ofen nehmen und abkühlen lassen.

2 Für die dunkle Füllung Schokolade und Sahne in einer Schüssel über dem Wasserbad schmelzen, Butter in der Masse schmelzen und den Balsamessig unterrühren. Warm halten, aber nicht weiter erhitzen.

3 Für die helle Füllung Schokolade über dem Wasserbad schmelzen. Butter mit Puderzucker schaumig schlagen. Frischkäse glatt rühren. Schokolade, Butter und Frischkäse gut vermengen.

4 Die Hälfte der hellen Füllung auf dem Tarteboden verteilen. Die dunkle Füllung über der hellen Schicht verteilen und die Tarte für 30 Minuten in den Kühlschrank stellen, bis die Schokoladenfüllung fest geworden ist. Den Rest der hellen Füllung auf der Schokoladenschicht verteilen und dekorativ kleine Spitzen mit einem Löffelrücken aus der Creme ziehen. Bis zum Servieren in den Kühlschrank stellen.

Rhabarber-Kürbis-Tarte

tolle Zutatenkombination

Für diese Tarte können alle gängigen Kürbissorten verwendet werden. Hokkaido hat meiner Meinung nach die beste Konsistenz zum Backen, weil das Püree so schön cremig wird. Muskatkürbis schmeckt aromatischer, ist aber wässriger. Es lohnt sich auf jeden Fall, in der Kürbiszeit Püree auf Vorrat zu machen und portionsweise einzufrieren. Wer keinen TK-Rhabarber bekommt, ersetzt ihn durch Himbeeren.

Tarteform, 28 cm Ø

Boden:
1 Mandelmürbeteig,
Grundrezept Seite 180

Füllung:
1 kleiner Kürbis (etwa 400 g)
200 g weiße Schokolade
150 g weiche Butter
3 Eier, Größe L
100 g Zucker
1 Prise Salz

Belag:
300 g Rhabarber
(frisch oder tiefgekühlt;
ersatzweise Himbeeren)
80 g Zucker
1 Prise Salz
150 ml Apfelsaft
(ersatzweise Wasser)
2 EL Speisestärke
1 Riegel weiße Schokolade
zum Verzieren

1 Für den Boden einen Mandelmürbeteig zubereiten, wie auf Seite 181 beschrieben in die Tarteform geben und 16 Minuten blind-backen. Aus dem Ofen nehmen und die Backofentemperatur auf 175 °C Ober-/Unterhitze reduzieren.

2 Für die Füllung Kürbis halbieren, die Kerne herauslöffeln und im Backofen bei 175 °C in etwa 40 Minuten weich backen. Herausneh-men und entweder mit einem Löffel das weiche Kürbisfleisch heraus-löffeln oder die Schale abziehen und das Fleisch klein schneiden. Kürbisfleisch mit dem Stabmixer pürieren und 250 g Püree abmessen.

3 Schokolade in einer Schüssel über dem Wasserbad schmelzen, vom Herd nehmen und die Butter in der warmen Schokolade schmelzen. Kürbispüree unterrühren. In einer zweiten Schüssel Eier, Zucker und Salz verrühren und diese Mischung mit der Schokoladenmasse vermengen. Füllung auf den Tarteboden gießen. Tarte auf der mittle-ren Schiene im vorgeheizten Backofen etwa 30 Minuten backen, herausnehmen und abkühlen lassen.

4 Für den Belag Rhabarber waschen und in kleine Würfel schneiden. Nur die Streifen, die sich beim Schneiden lösen, abziehen. (Tiefkühl-rhabarber kann in gefrorenem Zustand verarbeitet werden.) Rhabarber mit Zucker, Salz und etwas vom Apfelsaft aufkochen und 5 Minuten köcheln lassen, bis der Rhabarber zerfällt. Restlichen Saft in einer Tasse mit Speisestärke glatt rühren, Stärkemischung in den Rhabarber rühren und erneut kurz aufkochen. Topf vom Herd nehmen, Rhabar-ber etwas auskühlen lassen und dann auf der Kürbisschicht der Tarte verteilen. Tarte vollständig abkühlen lassen und vor dem Servieren weiße Schokoladenspäne auf den Rhabarber raspeln.

Avocado-Limetten-Tarte

erfrischend anders

Tarteform, 28 cm Ø

Boden:
1 Mürbeteig,
Grundrezept Seite 180

Füllung:
3 Blatt Gelatine
150 g weiße Schokolade
2 reife Avocados
80 g Puderzucker
abgeriebene Schale
von 2 Bio-Limetten
100 ml Limettensaft
250 g Sahne
2 EL Zucker

Belag:
400 g Brombeeren

1 Für den Boden einen Mürbeteig zubereiten, wie auf Seite 181 beschrieben in die Tarteform geben und 18 Minuten blindbacken. Aus dem Ofen nehmen und abkühlen lassen.

2 Für die Füllung Gelatine 5 Minuten in kaltem Wasser einweichen. Schokolade in einer Schüssel über dem Wasserbad schmelzen. Avocado längs halbieren, den Kern entfernen und die Schale abziehen. Benötigt werden etwa 300 g Fruchtfleisch. Avocadostücke in einen hohen Rührbecher geben und mit Puderzucker, Limettenschale und flüssiger Schokolade pürieren.

3 Limettensaft in einem Töpfchen erwärmen und die ausgedrückte Gelatine darin auflösen. Gelatinemischung in die Avocadocreme rühren. Sahne mit Zucker steif schlagen und unter die Avocadocreme heben. Die Creme auf der Tarte verteilen und die Brombeeren dekorativ hineinstecken. 2 Stunden im Kühlschrank fest werden lassen.

Tipp Statt einer großen Tarteform mehrere kleine Tarteletteformen zu nehmen macht Sinn, wenn das Backwerk zum Beispiel als Dessert oder für ein Partybüffet gedacht ist.

Holunderblütentarte

leicht ☙ luftig

Tarteform, 28 cm Ø

Boden:
1 Mandelmürbeteig,
Grundrezept Seite 180

Füllung:
4 Blatt Gelatine
250 ml Holunderblütensirup
Saft von 1 Zitrone (30 ml)
60 g Sauerrahm
2 Eiweiß
1 Prise Salz
30 g Zucker
225 g Sahne
getrocknete, kandierte
Rosenblüten (nach Belieben)

1 Für den Boden einen Mürbeteig zubereiten, wie auf Seite 181 beschrieben in die Tarteform geben und 18 Minuten blindbacken. Aus dem Ofen nehmen und abkühlen lassen.

2 Für die Füllung Gelatine in kaltem Wasser einweichen. Holunderblütensirup mit Zitronensaft und Sauerrahm vermischen. Einen Teil davon mit der ausgedrückten Gelatine erwärmen und diese auflösen. Gelatinemischung und Holundermischung in einer Schüssel vermengen. Im Kühlschrank etwas abkühlen lassen.

3 Das Eiweiß mit dem Salz aufschlagen, den Zucker einrieseln lassen und weiterschlagen, bis er sich aufgelöst hat. Die Sahne ebenfalls steif schlagen. Beides nacheinander unter die Holundercreme heben. Die Creme auf den Tarteboden geben, glatt streichen und die Tarte im Kühlschrank etwa 2 Stunden fest werden lassen. Nach Belieben mit Rosenblüten dekorieren.

Tipps Anstelle des Holunderblütensirups macht sich auch Veilchen- oder Himbeersirup sehr gut in der Füllung. Als Dekoration für die Tarte eignen sich Blüten sehr gut. Kandierte und getrocknete Rosenblätter zum Beispiel gibt es fertig zu kaufen. Zusätzlich mit Früchten belegt schmeckt die Tarte ebenfalls lecker. Wer es besonders fruchtig mag, kann auch den Boden mit Früchten belegen und diese anschließend mit der Creme bedecken.

Karamell-Schokoladentarte

braucht Vorbereitung   ✺   Kühlzeit beachten

Tarteform, 28 cm Ø

Belag:
300 g Sahne
250 g Vollmilchschokolade,
gemahlen

Boden:
1 Schokoladenmürbeteig,
Grundrezept Seite 180

Füllung:
250 g Crème double
(oder Sahne)
200 g Zucker
50 g Butter
1 Prise Salz
2 Eier, Größe L
1 Eigelb
15 g Mehl
6 Schokoladenpralinen

1 Für den Belag Sahne in einem Topf aufkochen, vom Herd nehmen und die Schokolade darin schmelzen. Schokoladensahne über Nacht in den Kühlschrank stellen, notfalls 2–3 Stunden in den Tiefkühler.

2 Für den Boden einen Schokoladenmürbeteig zubereiten, wie auf Seite 181 beschrieben in die Tarteform geben und 16 Minuten blindbacken. Aus dem Ofen nehmen und die Backofentemperatur auf 175 °C Ober-/Unterhitze reduzieren.

3 Für die Füllung Crème double erwärmen und beiseitestellen. Zucker bei mittlerer Hitze in einem Topf karamellisieren, Butter und Salz einrühren. Sobald die Butter geschmolzen ist, Crème double einrühren und so lange bei geringer Hitze rühren, bis sich alle Stückchen aufgelöst haben. Etwas abkühlen lassen.

4 Eier und Eigelb verquirlen und nach und nach in einer Schüssel in dem Mehl glatt rühren. (Mischt man das Mehl unter die Eier, klumpt es.) Eiermischung unter die Karamellmasse rühren. Karamell auf dem Tarteboden verteilen und Tarte im vorgeheizten Backofen auf der mittleren Schiene 15 Minuten backen – die Füllung sollte fest sein. Herausnehmen und vollständig abkühlen lassen.

5 Die gekühlte Schokoladensahne aus dem Kühlschrank nehmen, steif schlagen – nicht zu lange, sonst wird sie zu fest. Steife Sahne auf der Karamellschicht verteilen. Mit Schokoladenpralinen verzieren. Bis zum Servieren kühl stellen.

Tipp Wird Zucker ohne Zugabe von Wasser karamellisiert, dann am Anfang bitte nicht rühren, weil er sonst wieder auskristallisiert.

Kürbiskrokant-Tarte

ganz ohne Backen

Springform, 26–28 cm Ø

Boden:
150 g Müslikekse
100 g Vollkornbutterkekse
100 g Butter

Krokant:
90 g Kürbiskerne
60 g Zucker

Füllung:
4 Blatt Gelatine
6 Eigelb
50 g Rohrzucker
3 EL Kürbiskernöl
3 TL Cognac
(ersatzweise Wasser)
300 g Sahne

1 Für den Boden Kekse fein mahlen oder in einem geschlossenen Gefrierbeutel zerkrümeln. Das geht am besten mit einem Nudelholz. Die Butter in einem Töpfchen schmelzen und mit den Kekskrümeln vermischen, bis alles gut durchfeuchtet ist. Die Keksmasse auf dem Boden der Springform verteilen und festdrücken. Der Tarteboden muss nicht gebacken werden.

2 Für den Krokant die Kürbiskerne in einer Pfanne ohne Fett rösten, bis sie leicht Farbe annehmen und knacken. Herausnehmen und den Zucker ohne Rühren in der Pfanne karamellisieren. Sobald er geschmolzen ist und etwas bräunlich wird, die Kürbiskerne zugeben. Alles miteinander verrühren und die Karamellmasse mit einem Spatel auf Backpapier glatt streichen. Sobald der Krokant abgekühlt und hart ist, in einen Gefrierbeutel füllen und mit dem Nudelholz grob zerbröseln.

3 Für die Füllung Gelatine 5 Minuten in kaltem Wasser einweichen. Eigelbe, Zucker und Kürbiskernöl 5 Minuten in einer Schüssel im Wasserbad hellgelb schaumig schlagen. Cognac in einem kleinen Topf erwärmen und die Gelatine darin auflösen. Cognacmischung zügig in die Eigelbmasse rühren. Die Schüssel aus dem Wasserbad nehmen.

4 Sahne steif schlagen und mit dem Kürbiskrokant vermengen. Etwas Krokant zum Dekorieren beiseitestellen. Sobald die Eigelbcreme zu gelieren beginnt, die Sahne-Krokant-Mischung unterheben. Die Füllung auf dem Tarteboden verteilen, glatt streichen und mit dem restlichen Kürbiskernkrokant bestreuen. Vor dem Servieren mindestens 2 Stunden im Kühlschrank fest werden lassen.

Cassis-Rotwein-Tarte mit Blaubeeren

für Rotweinliebhaber

Tarteform, 28 cm Ø

Boden:
1 Mandelmürbeteig,
Grundrezept Seite 180
1 Eiweiß

Füllung:
300 ml Rotwein
2 gehäufte EL Speisestärke
150 ml Cassis (Likör aus
schwarzen Johannisbeeren)
70 g Zucker
100 g Blaubeeren
(tiefgekühlt)
1 Vanilleschote
180 g Butter
2 Eier, Größe L
3 Eigelb

Baiser:
3 Eiweiß
1 Prise Salz
140 g Zucker

1 Für den Boden einen Mandelmürbeteig zubereiten, wie auf Seite 181 beschrieben in die Tarteform geben und 16 Minuten blindbacken. Aus dem Ofen nehmen und dünn mit Eiweiß bepinseln. Erneut 1 Minute backen, herausnehmen und abkühlen lassen. Die Backofentemperatur auf 160 °C Ober-/Unterhitze reduzieren.

2 Für die Füllung 4 EL vom Rotwein abnehmen und mit der Speisestärke in einem Schüsselchen glatt rühren, beiseitestellen. Restlichen Rotwein, Cassis, Zucker, Blaubeeren und Vanilleschote in einem Topf erhitzen und 15 Minuten einkochen. Vom Herd nehmen und die Masse durch ein Sieb geben, wieder in den Topf füllen. Speisestärkemischung noch einmal kurz aufrühren und unter die Masse mengen, erneut auf den Herd stellen, kurz aufkochen.

3 Topf vom Herd nehmen und die Butter in der warmen Masse schmelzen. Eier und Eigelb verquirlen und ebenfalls einrühren. Die Füllung auf dem Tarteboden verteilen. Tarte 20 bis 25 Minuten auf der mittleren Schiene im vorgeheizten Backofen backen. Die Füllung sollte fest sein. Herausnehmen und Tarte etwas abkühlen lassen. Backofen auf 200 °C Oberhitze/Grill stellen.

4 Für das Baiser Eiweiß mit Salz steif schlagen, Zucker einrieseln lassen und weiterschlagen, bis ein glänzender fester Schnee entstanden ist. Eiweiß mit dem Spritzbeutel kreisförmig auf die Füllung spritzen (oder mit dem Spatel aufstreichen und mit einer Gabel Spitzen aus dem Eiweiß ziehen). Die Tarte mit dem Baiser anschließend etwa 5 Minuten im Ofen überbacken, bis das Eiweiß anfängt zu bräunen. Vor dem Anschneiden vollständig abkühlen lassen.

Variante Für eine *Himbeertarte* Blaubeeren durch Himbeeren und Rotwein und Cassis durch Himbeersaft und 2–3 EL Zitronensaft ersetzen.

Tipp Das aufgepinselte Eiweiß schützt den Tarteboden vor dem Durchweichen durch die vor dem Backen sehr flüssige Füllung. Das Baiser kann auch mit einem Bunsenbrenner karamellisiert werden.

Käsetarte mit frischem Ingwer

einfach ♿ variabel

Springform, 28 cm Ø

Boden:
1 Schokoladen-Shortbreadteig,
Grundrezept Seite 179

Füllung:
500 g Frischkäse
150 g Mascarpone
140 g Zucker
1 EL Ingwerwurzel,
frisch gerieben
1 EL Zitronensaft,
frisch gepresst
1 Prise Salz
1 Ei, Größe L
1 Eigelb
Kakao für die Dekoration

1 Für den Boden einen Shortbreadteig wie auf Seite 179 beschrieben zubereiten, ausrollen, in die Form geben und auf dem Boden festdrücken. 12 Minuten bei 180 °C Ober-/Unterhitze vorbacken. Tarteboden herausnehmen, Backofentemperatur auf 170 °C zurückstellen.

2 Für die Füllung Frischkäse, Mascarpone und Zucker in einer Schüssel glatt rühren. Ingwer, Zitronensaft und Salz einrühren und zum Schluss das Ei und das Eigelb zugeben. Die Masse auf dem Shortbreadboden verteilen. Tarte auf der mittleren Schiene im vorgeheizten Backofen 40 Minuten backen. Herausnehmen und auskühlen lassen.

3 Für die Dekoration eine beliebige Schablone oder einfach Papierstreifen auf die Tarte legen. Den Kuchen durch ein Sieb dünn mit Kakaopulver bestreuen.

Tipp Wer Ingwer besonders gerne mag, kann unter die Käsemasse gehackte kandierte Ingwerstückchen (80 g) mischen.

Varianten Für eine *Limetten-Käsetarte* den Ingwer weglassen und stattdessen die abgeriebene Schale und den Saft (4 EL) einer Limette in die Frischkäsemasse rühren. Für eine *Espresso-Käsetarte* statt des Ingwers 1 TL Instant-Espressopulver in einem Espresso (30 ml) auflösen und zusammen mit 2 EL Kahlúa zum Frischkäse geben. Beim Belag für eine *Erdnussbutter-Käsetarte* den Ingwer weglassen und den Mascarpone durch 150 g Erdnussbutter ersetzen. Mit 2 TL Lebkuchengewürz und ohne Ingwer gibt es eine *Lebkuchen-Käsetarte*. Besonders lecker: *Zimt-Apfel-Käsetarte*. Dafür Ingwer ersetzen durch 1 EL gemahlenen Zimt. Zusätzlich 1 EL Melasse oder Zuckerrübensirup einrühren. Belag mit Apfelscheiben belegen. Als Boden eignet sich ein Kekskrümelboden aus Karamellkeksen besonders gut.

Erdnuss-Karamell-Tarte

äußerst leckere Kalorienbombe

Ich backe gerne kalorienreich, denn ich finde, dass Kuchenbacken und Diätvorschriften nicht zusammenpassen. Süßes sollte man lieber in kleinen Mengen genießen, aber dafür dann richtig.

Springform, 28 cm Ø

Boden:
1 Schokoladen-Shortbreadteig,
Grundrezept Seite 179

Füllung:
200 g Erdnüsse,
geröstet und gesalzen
250 g Zucker
100 g Butter
220 g Crème double
oder Sahne
1 EL Honig oder heller Sirup
100 g Schokolade, gemahlen,
gerieben oder gehackt

1 Für den Boden einen Shortbreadteig wie auf Seite 179 beschrieben zubereiten, ausrollen, in die Form geben und auf dem Boden festdrücken. 12 Minuten bei 180 °C Ober-/Unterhitze vorbacken. Tarteboden herausnehmen, auskühlen lassen.

2 Für die Füllung Erdnüsse grob hacken und beiseitestellen. Zucker und 100 ml Wasser in einem mittelgroßen Topf mit schwerem Boden bei geringer Hitze aufkochen und köcheln lassen, bis ein goldener Sirup entstanden ist. (Das dauert 5–10 Minuten.) Den Topf vom Herd nehmen und Butter, Crème double und Honig unterrühren. Den Topf wieder auf den Herd stellen. Sobald die Butter geschmolzen ist, die gehackten Erdnüsse untermischen.

3 Die Masse mit den Erdnüssen erneut aufkochen und 5 Minuten unter gelegentlichem Rühren bei kleiner Hitze köcheln lassen, sodass die Masse etwas eindickt. Den Topf vom Herd nehmen und die Masse auf dem Tarteboden verteilen. Tarte auf der mittleren Schiene im vorgeheizten Backofen nochmals 15 Minuten backen. Herausnehmen und sofort mit der Schokolade bestreuen. Vor dem Anschneiden abkühlen lassen.

137

Joghurtcremetarte mit Granatapfelgelee

zart & cremig

Tarteform, 28 cm Ø

Boden:
1 Mandelmürbeteig,
Grundrezept Seite 180

Füllung:
350 g Joghurt
200 g Sauerrahm
7 Eigelb
100 g Zucker
¼ TL gemahlene Vanille
abgeriebene Schale von
½ Bio-Zitrone
1 Prise Salz

Belag:
1 Granatapfel
1 Päckchen Tortenguss
2 EL Zucker
250 ml Apfelsaft

1 Für den Boden einen Mandelmürbeteig zubereiten, wie auf Seite 181 beschrieben in die Tarteform geben und 16 Minuten blindbacken. Aus dem Ofen nehmen und die Backofentemperatur auf 160 °C Ober-/Unterhitze reduzieren.

2 Für die Füllung Joghurt, Sauerrahm, Eigelbe, Zucker, Vanille, Zitronenschale und Salz mit dem Schneebesen gut vermischen. Die Masse auf den Tarteboden geben und glatt streichen. Die Tarte 50 Minuten auf mittlerer Schiene im vorgeheizten Backofen backen, herausnehmen und abkühlen lassen.

3 Für den Belag den Granatapfel oben keilförmig einschneiden und aufbrechen. Die Kerne mit der Hand herausnehmen und auf der Füllung verteilen. Den Tortenguss mit dem Zucker und Apfelsaft nach Packungsanleitung herstellen und über die Granatapfelkerne gießen. Guss vor dem Servieren fest werden lassen.

Varianten Für eine *Jasminteetarte* bei der Füllung Joghurt und Sauerrahm aufkochen und 2 Beutel Jasmintee hineinlegen. 30 Minuten ziehen lassen und dann die übrigen Zutaten hinzufügen wie in Schritt 2 beschrieben. Als Belag passt dazu gut ein Tortenguss mit Prosecco statt Apfelsaft, der auf getrocknete Rosenblätter gegossen wird.
Für eine *Minztarte* Joghurt und Sauerrahm mit 20 abgezupften Minzblättern aufkochen und 30 Minuten ziehen lassen. Minze entfernen. Dann die übrigen Zutaten hinzufügen wie in Schritt 2 beschrieben. Als Belag passen exotische Früchte (Ananas, Mango, Papaya, Passionsfrucht) gut dazu.

Maronentarte mit Rum

braucht Vorbereitung ✎ Kühlzeit beachten

Tarteform, 28 cm Ø

Boden:
1 Schokoladenmürbeteig,
Grundrezept Seite 180

Füllung:
200 g Schokolade, 50–60%
Kakaoanteil
300 g Sahne
250 g Butterkekse
150 ml Rum
225 g gesüßtes Maronen-
püree (Bioladen)
Puderzucker

1 Für den Boden einen Schokoladenmürbeteig zubereiten, wie auf Seite 181 beschrieben in die Tarteform geben und 18 Minuten blind-backen. Aus dem Ofen nehmen und abkühlen lassen.

2 Für die Füllung die Schokolade in der Sahne in einer Schüssel über dem Wasserbad schmelzen und gut verrühren. Die Schokoladensahne über Nacht in den Kühlschrank stellen (oder 2 Stunden tiefkühlen). Nach der Kühlzeit mit dem Handrührgerät kräftig aufschlagen.

3 Die Hälfte der Schokoladensahne auf dem Tarteboden verteilen. Etwa 14 Butterkekse in den Rum tauchen und auf die Schokoladen-sahne legen. Das Maronenpüree auf die Butterkekse streichen. Eine weitere Lage Kekse in Rum tauchen und auf dem Maronenpüree verteilen. Den Rest der Schokoladencreme auf die Kekse streichen.

4 Auf die fertige Tarte Schablone oder Papierstreifen auflegen und dekorativ mit Puderzucker bestreuen. Bis zum Servieren in den Kühlschrank stellen.

Tipps Die Tarte sieht durch die vielen Schichten sehr eindrucksvoll aus. Statt des Maronenpürees kann man auch nur Schokoladensahne oder ein beliebiges Mandel- oder Nussmus verwenden.

Die Schnellen

Pavlova

superschnell und perfekt als Dessert

Die Pavlova genießt man am besten frisch, sobald sie fertig ist. Wir stellen sie immer in die Tischmitte und essen alle von einem Teller, da das Zerteilen in Stücke ein bisschen schwierig ist.

Backblech

Boden:
4 Eiweiß (120 g)
1 Prise Salz
250 g Zucker
1 TL Apfelessig
1 TL Speisestärke

Belag:
500 g Erdbeeren
(oder andere Beeren
nach Belieben)
500 g Sahne

Foto s. S. 142/143

1 Für den Boden Eiweiß mit Salz steif schlagen, den Zucker einrieseln lassen und weiterschlagen, bis er sich vollständig aufgelöst hat, und ein schnittfester Schnee entstanden ist. Essig und Speisestärke unterheben. Den Backofen auf 180 °C Ober-/Unterhitze vorheizen.

2 Das Blech mit Backpapier auslegen, mithilfe eines Springformbodens einen Kreis von 28 cm Durchmesser aufzeichnen und das Baiser darauf verteilen. Dabei mit dem Spatel in der Mitte eine etwas tiefere Mulde ausformen. Das Backblech auf die mittlere Schiene in den vorgeheizten Backofen schieben, anschließend die Temperatur sofort auf 100 °C reduzieren und den Boden 70 Minuten backen. Herausnehmen und abkühlen lassen.

3 Für den Belag die Beeren je nach Sorte waschen, verlesen oder klein schneiden. Die Sahne steif schlagen und die Beeren unterheben. Nach Belieben ein paar schöne Stücke für die Verzierung beiseitelegen. Die Sahne auf dem Baiser verteilen, mit den restlichen Beeren garnieren und die Pavlova sofort servieren.

Variante Mit Schokolade verfeinert wird die Baisermasse wunderbar saftig und lässt sich auch besser schneiden. Man ersetzt den Apfelessig durch Balsamico-Essig und die Speisestärke durch 2 EL gesiebtes Kakaopulver und gibt zusätzlich 30 g fein gehackte dunkle Schokolade dazu.

Obst-Blitztarte mit Blätterteig

fruchtig & geht wirklich blitzschnell

Diese Blätterteigtarte kann man auch ohne Form backen. Dafür den Teig einfach in der gewünschten Form ausrollen und am Rand einen 1 cm breiten Streifen abschneiden. Den Rand der Platte mit Eiweiß bepinseln und die Streifen als Umrandung wieder darauflegen.

Tarteform, 28 cm Ø

Boden:
1 Packung Fertig-Blätterteig
(Kühltheke oder tiefgekühlt)

Belag:
Obst nach Belieben
1 TL Zitronensaft,
frisch gepresst
200 g Crème fraîche
1 Päckchen Vanillezucker
250 g Aprikosenkonfitüre

Foto s. S. 142/143

1 Für den Boden Blätterteig ausrollen und die Tarteform damit auskleiden. Backofen auf 220 °C Umluft vorheizen.

2 Für den Belag das Obst je nach Sorte waschen, eventuell schälen und in Scheiben schneiden. Mit Zitronensaft beträufeln und beiseitestellen. Crème fraîche und Vanillezucker mischen und den Boden mit der Mischung bestreichen. Obst auf der Vanillecreme verteilen.

3 Tarte auf der mittleren Schiene in den vorgeheizten Backofen schieben und etwa 15 Minuten backen. Herausnehmen und etwas auskühlen lassen. Die Aprikosenkonfitüre in einem Töpfchen erwärmen und durch ein Sieb streichen. Die Tarte mit der Konfitüre bestreichen.

Tipps Beim Boden kann man nach Lust und Laune variieren, alle Arten von Mürbeteig, aber auch Hefeteige passen dazu. Auch das Aprikotieren macht sich bei vielen Kuchen gut. Die Oberfläche glänzt dadurch nicht nur schön, sie wird auch glatt, wenn man einen Kuchen beispielsweise noch mit einer dünnen Schokoladenschicht bedecken möchte.

Käsetarte mit Baileys

funktioniert ganz ohne Backofen

Springform, 28 cm Ø

Boden:
150 g Vollkornbutterkekse
80 g Schokolade, 50–60%
Kakaogehalt, gemahlen
100 g Butter

Füllung:
5 Blatt Gelatine
400 g Frischkäse
150 g Mascarpone
130 g Zucker
¼ TL gemahlene Vanille
1 Prise Salz
125 ml Baileys Original
Irish Cream
120 g Sahne

Garnitur:
125 g Zartbitter-
Schokotäfelchen
dunkles Kakaopulver

1 Für den Boden Butterkekse zermahlen oder im Gefrierbeutel mit einem Nudelholz fein zerkrümeln, in eine Schüssel schütten. Schokolade mit Butter in einer passenden Schüssel über dem Wasserbad schmelzen. Schokoladenmasse über die Keksbrösel geben. Alles gut vermischen. In die Springform geben und auf dem Boden gut festdrücken.

2 Für die Füllung Gelatine 5 Minuten in kaltem Wasser einweichen. Frischkäse, Mascarpone, Zucker, Vanille und Salz glatt rühren. Baileys erwärmen (nicht kochen) und die ausgedrückte Gelatine darin auflösen. Alles zügig unter die Frischkäsemasse rühren. Sahne steif schlagen und unterheben. Die Masse auf dem Tarteboden verteilen, glatt streichen und 2 Stunden im Kühlschrank fest werden lassen.

3 Vor dem Servieren die Tarte aus der Springform lösen und rundherum mit den Schokotäfelchen verkleiden. Zum Schluss eine Rose (oder nach Belieben auch ein anderes Motiv) mithilfe einer Schablone aus dem dunklen Kakaopulver aufsieben.

Varianten Den Baileys nach Belieben durch andere Liköre (z. B. Malibu, Kahlúa) ersetzen und so ganz unterschiedliche Kuchen kreieren.

Zwetschgen-Mandel-Tarte

für den herbstlichen Kaffeeklatsch

Tarteform, 28 cm Ø

Boden:
1 Mandelmürbeteig,
Grundrezept Seite 180

Füllung:
180 g weiche Butter
160 g Zucker
1 Prise Salz
2 Eier, Größe L
200 g Mandeln, gemahlen
6 Tropfen Bittermandelöl

Belag:
500 g Zwetschgen

1 Für den Boden einen Mandelmürbeteig zubereiten, wie auf Seite 181 beschrieben in die Tarteform geben und 16 Minuten blindbacken. Aus dem Ofen nehmen und die Backofentemperatur auf 175 °C Ober-/Unterhitze reduzieren.

2 Für die Füllung Butter, Zucker und Salz mit dem Handrührer in einer Schüssel schaumig schlagen. Eier nacheinander zugeben und jedes Mal gut einrühren. Mandeln und Bittermandelöl ebenfalls unter die Masse rühren. Die Füllung auf dem Tarteboden verteilen und glatt streichen.

3 Die Zwetschgen waschen, halbieren und entkernen. Zwetschgenhälften auf der Mandelmasse auslegen. Die Tarte auf der mittleren Schiene im vorgeheizten Backofen 45 Minuten backen, herausnehmen und abkühlen lassen.

Varianten Die Zwetschgentarte schmeckt auch mit einem *Hefeteig* (Seite 183) als Boden. Die Backzeit beträgt dann 50 Minuten bei 180 °C Ober-/Unterhitze. Mit einem ebenfalls sehr leckeren *Quark-Öl-Teig* (Seite 184) als Boden muss der Kuchen 60 Minuten bei 180 °C Ober-/Unterhitze in den Ofen.

Apfeltarte mit Pekannüssen

einfach ✑ haltbar

Tarteform, 28 cm Ø

Boden:
1 Quark-Öl-Teig,
Grundrezept Seite 184

Füllung:
4 Äpfel
1 EL Zitronensaft,
frisch gepresst
100 g Zucker
80 g Butter
1 TL gemahlener Zimt
1 Prise Salz
200 g Pekannüsse, gehackt

1 Für den Teig einen Quark-Öl-Teig nach dem Grundrezept Seite 184 herstellen und in der Tarteform verteilen. Den Backofen auf 180 °C Ober-/Unterhitze vorheizen.

2 Für die Füllung Äpfel schälen, entkernen und in Spalten schneiden. Mit Zitronensaft mischen, damit sie nicht braun werden. Zucker, Butter, Zimt und Salz in einer beschichteten Pfanne bei mittlerer Hitze schmelzen, die Äpfel und die Nüsse dazugeben und 5 Minuten unter Rühren dünsten. Die Füllung auf dem Teig verteilen.

3 Die Tarte auf der mittleren Schiene im vorgeheizten Backofen 40 Minuten backen. Herausnehmen und vor dem Servieren etwas auskühlen lassen.

Tipp Mit einem Fertigteig aus der Kühltheke kommt dieser nussige Genuss in Rekordzeit auf den Tisch. Sehr lecker ist er aber auch (bei mehr Zeit) mit Mürbeteig (siehe Foto).

Johannisbeer-Orangen-Tarte

frisch & fruchtig

Tarteform, 28 cm Ø

Boden:
1 Mandelmürbeteig,
Grundrezept Seite 180
1 EL Mandeln, gemahlen

Füllung:
500 g Johannisbeeren
15 g Speisestärke
15 g brauner Zucker

Guss:
80 g weiche Butter
80 g Zucker
80 g Mandeln, gemahlen
2 Eier, Größe L
15 ml Grand Marnier
abgeriebene Schale von
1 Bio-Orange
Mandelblättchen

1 Für den Boden einen Mandelmürbeteig zubereiten, wie auf Seite 181 beschrieben in die Tarteform geben und 16 Minuten blindbacken. Aus dem Ofen nehmen und die Backofentemperatur auf 175 °C Ober-/Unterhitze reduzieren. Den Boden mit gemahlenen Mandeln bestreuen.

2 Für die Füllung Johannisbeeren waschen und entstielen. In eine Schüssel geben und mit der Speisestärke und dem braunen Zucker mischen.

3 Für den Guss Butter mit dem Handrührer schaumig schlagen, Zucker, Mandeln und Eier nacheinander einrühren. Zum Schluss Grand Marnier und Orangenschale untermischen. Johannisbeeren auf dem Tarteboden verteilen, die Orangenmasse darauf verstreichen und anschließend mit Mandelblättchen bestreuen. Die Tarte auf der mittleren Schiene im vorgeheizten Backofen 30 Minuten backen und vor dem Servieren abkühlen lassen.

Variante Für eine *Blaubeer-Zitronen-Tarte* die Orangenschale durch die abgeriebene Schale von 2 Bio-Zitronen und den Grand Marnier durch 50 ml Zitronensaft ersetzen. Statt der Johannisbeeren Blaubeeren für die Füllung verwenden.

Kirschtarte mit Marzipan

einfach

Tarteform, 28 cm Ø

Boden:
1 Mandelmürbeteig,
Grundrezept Seite 180

Füllung:
350 g frische Kirschen
oder 1 Glas Kirschen
(350 g Abtropfgewicht)
180 g Marzipan
300 g Sahne
40 g Butter
60 g Zucker
1 Prise Salz
3 EL Amaretto
1 EL Mehl
1 Eigelb
2 Eier, Größe L
Mandelblättchen

1 Für den Boden einen Mandelmürbeteig zubereiten, wie auf Seite 181 beschrieben in die Tarteform geben und 16 Minuten blindbacken. Aus dem Ofen nehmen und die Backofentemperatur auf 175 °C Ober-/Unterhitze reduzieren.

2 Für die Füllung Kirschen in ein Sieb geben und gut abtropfen lassen. Frische Kirschen entsteinen. Marzipan reiben oder zerkleinern und mit der Sahne in einem Topf erhitzen. Rühren, bis sich das Marzipan aufgelöst hat. Den Topf vom Herd nehmen und die Butter in der Marzipanmischung schmelzen. Zucker und Salz dazugeben und verrühren.

3 Amaretto mit Mehl in einer Schüssel glatt rühren, Eigelb und Eier mit einem Schneebesen unter die Amaretto-Mehl-Mischung mengen. Alles zur Marzipansahne im Topf schütten, gut unterrühren. Die Kirschen auf dem Tarteboden verteilen, die Marzipanmasse darübergeben und mit Mandelblättchen bestreuen.

4 Die Tarte im vorgeheizten Backofen auf der mittleren Schiene etwa 30 Minuten backen. Erst nach dem Auskühlen aus der Form lösen.

Tipp Für besondere Anlässe lohnt sich das Experimentieren mit ungewöhnlichen Backformen. So zeigt das Foto zwei einfache Pommesschälchen aus Pappe.

Streuseltarte mit Beeren und Rosmarin

nach drei Tagen noch besser

Tarteform, 28 cm Ø

Boden:

500 g Mehl

200 g Zucker

300 g kalte Butter,
in Stückchen

2 Eigelb

1 Prise Salz

2 TL Rosmarinnadeln,
fein gehackt

Füllung:

500 g gemischte Beeren
(tiefgekühlt)

80 g Zucker

1 Zimtstange

2 Sternanis

1 EL Zitronensaft,
frisch gepresst

1 Prise Salz

150 ml Weißwein (ersatzweise
Apfelsaft oder Wasser)

2 gehäufte EL Speisestärke
(30 g)

1 Für den Boden aus allen Zutaten rasch einen Mürbeteig kneten (siehe dazu auch Seite 180). Eine Kugel formen und in Frischhaltefolie gepackt 30 Minuten in den Kühlschrank legen. Dann die Hälfte des Teigs ausrollen und in die Tarteform geben. Teigreste und Tarteform wieder in den Kühlschrank stellen. Backofen auf 200 °C Ober-/ Unterhitze vorheizen.

2 Für die Füllung Beeren, Zucker, Zimtstange, Sternanis, Zitronensaft, Salz und die Hälfte des Weins aufkochen. Speisestärke mit dem restlichen Wein glatt rühren und dazugeben. Alles erneut aufkochen, 2 Minuten unter Rühren köcheln lassen. Zimtstange und Sternanis entfernen. Etwas abkühlen lassen.

3 Füllung auf dem Tarteboden verteilen. Den restlichen Teig aus dem Kühlschrank nehmen, mit den Händen rasch Streusel daraus formen und über die Füllung geben. Die Tarte auf der mittleren Schiene in den vorgeheizten Backofen geben und 30 Minuten backen. Vor dem Servieren auskühlen lassen.

Tipp Um einen schön knusprigen Boden zu bekommen, kann man den Boden auch blind vorbacken. Weitere Tipps zum Blindbacken gibt es auf Seite 182.

Grand-Marnier-Schokoladentarte

für Schokoholics

Tarteform, 28 cm Ø

Boden:
1 Schokoladenmürbeteig,
Grundrezept Seite 180

Füllung:
200 g Butter
125 g Schokolade, 70 %
Kakaoanteil, gehackt
125 g Schokolade, 50–60 %
Kakaoanteil, gehackt
1 Prise Salz
100 g Zucker (weiß oder braun)
100 ml Grand Marnier
(Orangenlikör)
3 Eier, Größe L
2 Eigelb
kandierte Orangenscheiben

1 Für den Boden einen Schokoladenmürbeteig zubereiten, wie auf Seite 181 beschrieben in die Tarteform geben und 16 Minuten blindbacken. Aus dem Ofen nehmen und die Backofentemperatur auf 150 °C Ober-/Unterhitze reduzieren.

2 Für die Füllung Butter, Schokolade und Salz in einer Schüssel über dem Wasserbad schmelzen. Schüssel herunternehmen und den Zucker einrühren, bis er sich vollständig auflöst. Grand Marnier, Eier und Eigelbe einrühren.

3 Die Schokoladenmasse auf dem Tarteboden verteilen und glatt streichen. Tarte auf die mittlere Schiene in den vorgeheizten Backofen schieben und etwa 25 Minuten backen. Die Füllung darf sich in der Mitte zwar noch etwas bewegen, aber sie sollte nicht mehr flüssig sein. Herausnehmen und auskühlen lassen. Vor dem Servieren mit kandierten Orangenscheiben dekorieren.

Tipp Zu dieser Tarte passt ein leckeres Orangenpesto besonders gut. Dafür 100 g Pinienkerne in einer Pfanne ohne Fett etwas anrösten. Orangenschale von 1 Orange abreiben und die Orange schälen, eventuelle Kerne entfernen und in Spalten schneiden. Von 4 Zweigen Basilikum die Blätter abzupfen. 100 g getrocknete Aprikosen klein schneiden. Pinienkerne, Orangenspalten und -schale, Basilikumblättchen, 2 EL Ahornsirup und Aprikosenstückchen in der Küchenmaschine zu einem Pesto mixen. Das Pesto wie Sahne getrennt zur Tarte reichen.

Variante Für eine *Whisky-Schokoladentarte* einfach den Grand Marnier durch Whisky ersetzen.

Käsetarte

Grundtarte zum Variieren

Tarteform, 28 cm Ø

Boden:
1 Kekskrümelboden,
Grundrezept Seite 179

Füllung:
500 g Frischkäse
(Doppelrahmstufe)
30 g Speisestärke
140 g Zucker
125 g Crème double
1 Prise Salz
¼ TL gemahlene Vanille
2 Eier

Wer möchte, kann diesen Käsekuchen im Wasserbad backen, so wird die Konsistenz einfach perfekt und es gibt keine Risse an der Oberfläche. Dafür die Tarteform unten dicht mit Alufolie einpacken und in ein größeres Gefäß (etwa eine Pfanne oder einen flachen Topf) mit Wasser stellen.

1 Kekskrümelboden herstellen wie auf Seite 179 beschrieben. Backofen auf 175 °C Ober-/Unterhitze vorheizen.

2 Für die Füllung Frischkäse mit Speisestärke in einer Schüssel glatt rühren. Zucker, Crème double, Salz und Vanille nacheinander untermengen. (Wenn Sie eine der Käsekuchenvarianten – siehe weiter unten – backen, kommen die zusätzlichen Zutaten an dieser Stelle in die Füllung.) Zum Schluss die Eier einzeln zugeben. Dann nicht mehr rühren, damit nicht zu viel Luft in die Masse kommt. Alles auf den Tarteboden geben und mit einem Spatel glatt streichen.

3 Die Tarte etwa 45 Minuten im vorgeheizten Backofen auf der mittleren Schiene backen. Die Backzeit kann etwas variieren, je nach Beschaffenheit der Zutaten. Die Tarte ist fertig, wenn sie fest ist, sich in der Mitte aber noch etwas bewegt, wenn gegen die Form gestoßen wird.

Varianten Für eine *Zitronen-Käsetarte* kommen 4 EL Zitronensaft und die abgeriebene Schale einer Bio-Zitrone in die Füllung. Dazu mache ich eine Marmorierung mit dunklem Gelee: 1 EL Fruchtgelee erwärmen, auf die Tarte träufeln und mit einem Holzstäbchen darin herummalen.

Für eine *Orangen-Käsetarte* die abgeriebene Schale einer Bio-Orange, 2 EL Zitronensaft und 50 ml Grand Marnier in die Füllung mischen.

Für eine *Amaretto-Käsetarte* den Boden mit grob zerbröselten Amaretti-ni bestreuen und 80 ml Amaretto in die Füllung rühren.

Für eine *Espresso-Käsetarte* kommen 1 doppelter Espresso (60 ml) und 1 TL Instant-Espresso (im heißen Espresso aufgelöst) oder 2 EL Kahlúa Kaffeelikör in die Füllung. Dazu passt ein Espressokaramell: 25 g Zucker karamellisieren, mit 25 g Sahne und 1 Espresso (30 ml) aufgießen, verrühren, bis alles flüssig ist. Mit einem Teelöffel auf der fertigen Tarte verteilen.

Alle Käsetartes können auch mit verschiedenen Mürbeteigen als Boden zubereitet werden (Rezepte dafür Seite 180/181).

Tipps Die Käsetarte ist einfacher in der Springform zu backen, eine Tarteform geht aber auch. Sie kann nach Belieben mit Früchten belegt und die Crème double durch Sahne, Mascarpone, Crème fraîche oder Sauerrahm ersetzt werden. Außerdem alle Käsekuchen am besten nach dem Backen drei Stunden stehen lassen. Ich stelle sie, wenn sie vollständig ausgekühlt sind, sogar über Nacht in den Kühlschrank und serviere sie erst am nächsten Tag. Und wenn Sie die Menge der Füllung verdoppeln, können Sie die Tarte auch als normalen Käse-kuchen in einer Springform backen, dafür eignet sich gut ein Keks-krümelboden.

Erdbeertarte

Frühsommerklassiker

Springform, 28 cm Ø

Boden:

1 Schokoladen-Shortbreadteig,
Grundrezept Seite 179

Füllung:

100 g sehr weiche Butter

200 g Frischkäse, raum-
temperiert

100 g Crème fraîche

¼ TL gemahlene Vanille

100 g Puderzucker

2 TL Zitronensaft, frisch
gepresst (oder Rum)

Belag:

500 g Erdbeeren

1 Päckchen Tortenguss

2 EL Zucker

250 ml klarer Fruchtsaft
oder Wasser

1 Für den Boden einen Shortbreadteig wie auf Seite 179 beschrieben zubereiten, ausrollen, in die Form geben und auf dem Boden fest-drücken. 12 Minuten bei 180 °C Ober-/Unterhitze backen. Aus dem Ofen nehmen und auskühlen lassen.

2 Für die Füllung alle Zutaten mit dem Handmixer in einer Schüssel glatt rühren. Es ist sehr wichtig, dass die Butter wirklich weich ist, denn sonst vermischt sie sich nicht mit den anderen Zutaten. Masse auf dem erkalteten Tarteboden verteilen und 30 Minuten im Kühl-schrank fest werden lassen.

3 Für den Belag Erdbeeren waschen, entstielen und in Scheiben schneiden. Die Tarte mit den Erdbeerscheiben belegen. Den Tortenguss nach Packungsanleitung mit Zucker und Fruchtsaft oder Wasser zubereiten und auf den Erdbeeren verteilen. Tarte bis zum Servieren kühl stellen.

Buttermilchtarte mit Blaubeeren

Sommertarte mit Pfiff

Tarteform, 28 cm Ø

Boden:
1 Mandelmürbeteig,
Grundrezept Seite 180

Füllung:
6½ Blatt Gelatine
400 ml Buttermilch
100 g Zucker
¼ TL gemahlene Vanille
3 EL Zitronensaft (25 ml),
frisch gepresst
1 EL Honig
180 g Sahne

Belag:
400 g Blaubeeren
1 Päckchen Tortenguss
(nach Belieben)

1 Für den Boden einen Mandelmürbeteig zubereiten, wie auf Seite 181 beschrieben in die Tarteform geben und 18 Minuten blindbacken. Aus dem Ofen nehmen und abkühlen lassen.

2 Für die Füllung Gelatine in kaltem Wasser einweichen. Buttermilch, Zucker und Vanille in einer Schüssel mit dem Schneebesen verrühren. Zitronensaft und Honig in einem Töpfchen erwärmen und die ausgedrückte Gelatine darin auflösen. Mit einigen Esslöffeln der Buttermilchmischung verrühren. Gelatinemischung zur Buttermilchmischung geben und gut verrühren. In den Kühlschrank stellen.

3 Sahne steif schlagen. Wenn die Buttermilchmischung zu gelieren beginnt, Schlagsahne vorsichtig unterheben. Buttermilchmasse auf dem Tarteboden verteilen und die Tarte im Kühlschrank 2 Stunden fest werden lassen.

4 Blaubeeren waschen und in einem Sieb gut abtropfen lassen. Dekorativ auf der Tarte anordnen. Nach Belieben Tortenguss nach Packungsanleitung zubereiten und die Blaubeeren damit fixieren.

Tipp Noch schneller geht die Zubereitung, wenn die Blaubeeren direkt auf den Tarteboden gelegt und die Buttermilchmasse darüber verteilt wird (siehe Foto). Der Tortenguss entfällt dann. Für die Tarte kann natürlich auch jedes andere Obst verwendet werden.

Weiße Trüffeltarte

fruchtig 🐿 Kühlzeit beachten

Tarteform, 28 cm Ø

Belag:
250 g Sahne
250 g weiße Schokolade

Boden:
1 Mandelmürbeteig,
Grundrezept Seite 180
40 g weiße Schokolade

Füllung:
6 Blatt Gelatine
500 ml von Ihrem
Lieblingssmoothie
oder Lieblingssaft
2 EL Zitronensaft,
frisch gepresst
(nach Saftsorte anpassen)
2 EL Zucker
(nach Saftsorte anpassen)

Mein Favorit als Flüssigkeit für das Gelee in dieser Tarte ist ein Smoothie mit Passionsfrüchten, dicht gefolgt von einer Mischung aus Cassislikör und schwarzem Johannisbeersaft.

1 Für den Belag Sahne in einem Topf aufkochen, vom Herd nehmen und die Schokolade darin schmelzen, gut verrühren. Schokoladensahne mindestens 2 Stunden in den Tiefkühler stellen. Am besten schon am Vortag herstellen und über Nacht im Kühlschrank kühlen.

2 Für den Boden einen Mandelmürbeteig zubereiten, wie auf Seite 181 beschrieben in die Tarteform geben und 18 Minuten blindbacken. Aus dem Ofen nehmen und abkühlen lassen. Schokolade in einem Schüsselchen über dem Wasserbad schmelzen, den Tarteboden damit bepinseln und die Schokolade fest werden lassen.

3 Für die Füllung Gelatine in kaltem Wasser einweichen. Etwa 100 ml des Saftes in einem Topf erwärmen (nicht kochen) und die ausgedrückte Gelatine darin auflösen. Den restlichen Saft mit Zitronensaft und Zucker in einer Schüssel verrühren und die Gelatinemischung dazugeben, gut untermengen. Gelatinemischung auf dem Tarteboden verteilen. 1–2 Stunden im Kühlschrank fest werden lassen.

4 Die eiskalte Schokoladensahne nach der Kühlzeit mit dem Handrührer steif schlagen und auf dem fest gewordenen Gelee verteilen. Tarte bis zum Servieren kühl stellen.

Tipp Die Tarte kann nach Belieben mit zur Füllung passenden Früchten dekoriert werden. Auf dem Foto sind es Passionsfruchtkerne.

Fudge-Tarte

lecker und gehaltvoll

Springform, 28 cm Ø

Boden:
Shortbreadteig hell,
Grundrezept Seite 179

Füllung:
100 g Marshmallows
90 ml Kondensmilch
90 g Zucker
250 g Butter
¼ TL gemahlene Vanille
¼ TL Salz
180 g Schokolade, 60–70 %
Kakaoanteil, in Stückchen
125 g Pekannüsse,
geröstet und gehackt

1 Für den Boden einen Shortbreadteig wie auf Seite 179 beschrieben zubereiten, ausrollen, in die Form geben und auf dem Boden festdrücken. 12 Minuten bei 180 °C Ober-/Unterhitze backen. Aus dem Ofen nehmen und auskühlen lassen.

2 Für die Füllung Marshmallows, Kondensmilch, Zucker, Butter, Vanille und Salz in einem großen Topf unter ständigem Rühren aufkochen und 5 Minuten bei kleiner Hitze köcheln lassen. Den Topf vom Herd nehmen und die Schokolade darin schmelzen. Anschließend die Nüsse unterrühren.

3 Die Masse 10 Minuten abkühlen lassen und dann auf dem Tarteboden verteilen. Anschließend vollständig auskühlen und vor dem Servieren im Kühlschrank fest werden lassen.

Tipps Für die Tarte eignen sich natürlich auch andere Kernfrüchte, wie z.B. Walnüsse oder Mandeln. Die Füllung kann auch auf eine Silikonmatte gestrichen und nach dem Auskühlen in Streifen geschnitten werden – Kinder lieben diese Riegel.

Beerentarte mit weißer Schokolade

einfach

Tarteform, 28 cm Ø

Boden:
1 Fertig-Blätterteig
(Kühltheke oder tiefgekühlt)

Füllung:
200 g Sahne
50 g Zucker
1 Prise Salz
200 g weiße Schokolade,
in Stücke gebrochen
70 g Butter
2 Eier
1 Eigelb
400 g gemischte Beeren
(frisch oder tiefgekühlt)

1 Für den Boden den Blätterteig ausrollen und in die Form legen. 10 Minuten in der Tarteform blindbacken (Seite 182). Tarteboden aus dem Ofen nehmen und die Backofentemperatur auf 170 °C Ober-/Unterhitze reduzieren.

2 Für die Füllung Sahne, Zucker und Salz in einem Topf aufkochen. Vom Herd nehmen und erst die weiße Schokolade und dann die Butter in der Sahnemischung schmelzen. Eier und Eigelb in einer Schüssel mit dem Schneebesen verquirlen und unter ständigem Rühren zur Schokoladenmasse in den Topf geben.

3 Die Beeren auf dem Tarteboden verteilen. Die Schokoladenmasse auf die Beeren schütten und glatt streichen. Die Tarte 45 Minuten auf der mittleren Schiene im vorgeheizten Backofen backen. Aus dem Ofen nehmen und abkühlen lassen.

Variante Für eine *Rosmarinnote* bei der Füllung die Sahne mit 2 Zweigen Rosmarin aufkochen und etwas ziehen lassen. Rosmarinzweige entfernen, anschließend die Schokolade und die Butter schmelzen und im Rezept wie oben beschrieben fortfahren.

Walnusstarte mit Bananen

relativ fettarm   einfach

Tarteform, 28 cm Ø

Boden:
1 süßer Hefeteig,
Grundrezept Seite 183

Füllung:
100 g Walnüsse
70 g Zucker
2 TL gemahlenen Zimt
¼ TL Salz
¼ TL gemahlene Vanille
1 EL Melasse (Bioladen;
ersatzweise Zuckerrüben-
sirup oder Honig)
3–4 Bananen
100 g Mehl
60 g kalte Butter, in Stückchen

1 Für den Boden einen Hefeteig nach dem Grundrezept herstellen und ausrollen. Die Tarteform einfetten, den Teig ausrollen und in die Form legen. Den Backofen auf 175 °C Ober-/Unterhitze vorheizen.

2 Für die Füllung die Walnüsse grob hacken und in eine Schüssel geben. Zucker, Zimt, Salz, Vanille und Melasse zugeben und alles gut verrühren. Die Hälfte der Füllung auf dem Tarteboden verteilen. Bananen in Scheiben schneiden und Bananenscheiben auf die Füllung legen.

3 Die restliche Füllung mit Mehl und kalter Butter rasch zu Streuseln verarbeiten (mit den Händen oder einer Gabel) und auf der Füllung verteilen. Die Tarte in den vorgeheizten Backofen schieben und auf der mittleren Schiene etwa 30 Minuten backen.

Tipp Geht superfix mit einem Hefeteig aus der Kühltheke.

Basics & Grundteige

Grundteige pikant

Nicht nur Belag und Guss, auch die Zutaten des Teigs geben jeder Tarte ihren unverwechselbaren Geschmack. Es gibt aber auch für die Tartes ein paar Grundteige, die immer wieder auftauchen, manchmal variiert durch die Beigabe von Gewürzen und anderen Aromastoffen. Zu den Kombinationsmöglichkeiten von Böden und Belägen sowie zu Haltbarkeit, Tiefkühleignung und Backschwierigkeit der einzelnen Tartes finden Sie Informationen in der Tabelle auf Seite 186/187.

Grundrezept salziger Hefeteig

1 Backblech
250 g Mehl
10 g Hefe
(etwa ¼ eines Hefewürfels)
2–3 EL Olivenöl (25 g)
1 gestr. TL Salz (5 g)

1 Das Mehl in eine Schüssel sieben und in die Mitte eine Mulde drücken. 5 EL Wasser lauwarm erwärmen, die Hefe darin auflösen, in die Mulde geben und mit etwas Mehl verrühren. Die übrigen Zutaten und etwa 100 ml Wasser dazugeben und alles mit den Knethaken des Handrührers zu einem geschmeidigen Teig verarbeiten. Ist der Teig zu trocken, etwas Wasser zugeben. Ist er zu feucht, zusätzlich etwas Mehl einarbeiten.

2 Wenn sich der Teig von den Wänden der Schüssel löst, auf einer bemehlten Arbeitsfläche mit den Händen weiterarbeiten. Ist der Teig glatt und elastisch, eine Kugel formen, mit Klarsichtfolie bedecken und 30 Minuten an einem warmen Ort gehen lassen. Den Teig mit etwas Mehl auf Blechgröße ausrollen und auf das eingefettete Backblech legen. Nochmals 10–15 Minuten gehen lassen. Jetzt kann der Boden nach Belieben belegt werden. Die Backzeit richtet sich nach der Art des Backwerks und ist beim jeweiligen Rezept angegeben.

Salziger Quark-Öl-Teig

Tarteform oder Springform, 28 cm Ø
160 g Mehl
2 TL Backpulver
100 g Quark
1 gestr. TL Salz (5 g)
1 Ei, Größe M
2 EL Olivenöl
1 EL Weinessig

1 Das Mehl und das Backpulver mischen und in eine Schüssel sieben, den Quark darauf verteilen, die übrigen Zutaten dazugeben und alles mit den Knethaken des Handrührers zu einem Teig verarbeiten. Mit den Händen rasch glätten, zu einem Ziegel formen und in Frischhaltefolie wickeln. Mindestens 1 Stunde zum Durchkühlen in den Kühlschrank legen.

2 Den Teig auf einer bemehlten Arbeitsfläche zu einer großen, etwa 3 mm dünnen Scheibe von etwa 30 cm Durchmesser ausrollen. Die Tarteform sparsam mit flüssiger Butter einpinseln, mit dem Teig auslegen, dabei den Teig gut an die Form drücken, überschüssigen Teig abschneiden. Weiterverarbeitung und Backzeit sind beim jeweiligen Rezept angegeben.

Grundrezept Quicheteig

Tarteform oder Springform, 28 cm Ø

220 g Mehl

90 g kalte Butter, in Flocken

1 Prise Salz

70 ml kaltes Wasser

1 EL Weinessig

Grundrezept salziger Mürbeteig 1

Tarteform oder Springform, 28 cm Ø

200 g Mehl

100 g kalte Butter, in Flocken

1 gestr. TL Salz

1 Ei

1 Eigelb

1 EL Weinessig

1 EL kaltes Wasser

Grundrezept salziger Mürbeteig 2

Tarteform oder Springform, 28 cm Ø

250 g Mehl

150 g weiche, möglichst kühle Butter

1 gestr. TL Salz

1 Prise Zucker

1 Ei

1 EL Weinessig

Grundrezept Käsemürbeteig

Tarteform oder Springform, 28 cm Ø

200 g Mehl

100 g kalte Butter, in Flocken

2 EL Parmesan, fein gerieben

2 TL getrockneter Oregano

1 gestr. TL Salz

70 ml kaltes Wasser

1 EL Weinessig

Grundrezept Erdnussmürbeteig

Tarteform oder Springform, 28 cm Ø

125 g Weizenmehl
(Type 405)
125 g Weizen-Vollkorn-
mehl (Type 1800)
100 g kalte Butter,
in Stückchen
50 g gesalzene Erdnüsse,
gemahlen
Salz
1 Ei, Größe M
1 EL Weinessig
1–2 EL kaltes Wasser

Zubereitung für alle Quiche- und Mürbeteig-Grundrezepte

1 Das Mehl in eine Schüssel sieben, die Butterflocken darauf verteilen, die übrigen Zutaten dazugeben und alles mit den Knethaken des Handrührers zu einem Teig verarbeiten. Mit den Händen rasch glätten, zu einem Ziegel formen und in Frischhaltefolie wickeln. Mindestens 1 Stunde zum Durchkühlen in den Kühlschrank legen.

2 Den Teig auf einer bemehlten Arbeitsfläche zu einer großen, etwa 3 mm dünnen Scheibe von etwa 30 cm Durchmesser ausrollen. Die Tarteform sparsam mit flüssiger Butter einpinseln, mit dem Teig auslegen, dabei den Teig gut an die Form drücken, überschüssigen Teig abschneiden und den Boden mit einer Gabel mehrmals einstechen. Weiterverarbeitung und Backzeit ist beim jeweiligen Rezept angegeben.

Braune Butter

250 g Butter
(für etwa 200 g
braune Butter)

Braune Butter kann auf Vorrat zubereitet werden und hält sich zugedeckt mehrere Wochen im Kühlschrank. Gekühlt wird sie hart, ähnlich wie Butterschmalz. Zum Gebrauch mit einem kleinen Messer ein wenig davon herausnehmen, bei milder Hitze schmelzen, nicht zu stark erhitzen. Sie eignet sich zum Braten und zum Verfeinern von Speisen und wird auch relativ häufig in unseren Tarterezepten verwendet.

1 Die Butter in einem kleinen Topf bei mittlerer Temperatur langsam erhitzen, bis sie goldbraun ist und ein nussiges Aroma hat.

2 Den Topf vom Herd nehmen und die Butter durch ein mit Küchen-papier ausgelegtes Sieb gießen. In ein gut verschließbares Glas um-füllen und kalt stellen.

Grundteige süß

Wie ich eingangs schon sagte, machen für mich die vielen Variationsmöglichkeiten beim Tartebacken den gewissen Reiz aus. Deshalb habe ich auch ein großes Repertoire an Grundteigen, auf das ich zurückgreifen kann und das ich Ihnen im folgenden Text vorstellen möchte.

Ich verwende für alle Tartes eine Tarteform mit Hebeboden und 28 cm Durchmesser. Der Hebeboden ermöglicht ein leichtes Entfernen des Randes. Das funktioniert natürlich auch in einer einfachen Springform, bei der der Rand ebenfalls abnehmbar ist. Nur sieht er bei einer Tarteform dekorativer aus. Diese Hebebodenformen findet man in gut sortier-

ten Haushaltsgeschäften und im Internet. Ich bevorzuge die beschichteten Formen und achte darauf, dass der Boden schön dünn ist. Silikonformen sind für Mürbeteige weniger geeignet, bei Hefeteig, Brandteig oder Blätterteig aber eine gute Alternative.

Alle Tartes in diesem Buch können Sie mit einem klassischen Mürbeteig und all seinen Abwandlungen zubereiten. Mürbeteig ist wohl der gängigste Teig für Tarteböden. Mengenmäßig passen alle

Mürbeteige zu allen Füllungen. Ich habe für die jeweilige Tarte immer die meiner Meinung nach beste Kombination ausgewählt. Am liebsten verwende ich Mandelmürbeteig und Schokoladenmürbeteig, aber wer Lust zum Kombinieren hat, kann die Rezepte natürlich ganz nach den eigenen Wünschen abwandeln. Auch können Sie bei der Teigrezeptur selbst experimentieren, indem Sie Zutaten austauschen oder variieren. Ein Löffel Espressopulver, Orangen- oder Zitronenschale oder geriebene Ingwerwurzel im Teig kann interessante Ergebnisse bringen.

Da das Backen des Bodens beim Herstellen von Tartes immer einen weiteren Arbeitsschritt bedeutet, habe ich viele der Tartes mit einem Fertig-Blätterteig-Boden gebacken. Tartes mit diesem Boden schmecken frisch am besten und sind am nächsten Tag nicht mehr so fein wie mit einem Mürbeteig, der sogar nach drei Tagen noch hervorragend mundet. Gut sortierte Supermärkte haben neuerdings sogar fertigen Mürbeteig im Sortiment.

Das Hefeteig-Grundrezept passt mengenmäßig ebenfalls in eine Tarteform mit 28 cm Durchmesser. Nicht alle Tartes sind jedoch dafür geeignet, mit Hefeteig gebacken zu werden, weil er nicht vorgebacken wird und die Backzeit der Füllung zu der des Teigs passen muss. Ungebackene Füllungen werden bei Hefeteigen selten verwendet. Hefeteig gibt es auch fertig im Supermarkt (Kühlregal) zu kaufen. Quark-Öl-Teig ist dem Hefeteig ähnlich, die Zubereitung geht jedoch viel schneller.

Zu den vielen möglichen Kombinationen von Böden und Belägen finden Sie Informationen in der Tabelle auf Seite 188/189. Außerdem erfahren Sie dort etwas über die Lagerfähigkeit, die Eignung zum Einfrieren und darüber, wie schwierig oder einfach die Tartes zu backen sind.

Grundrezept Shortbreadteig

Springform, 28 cm Ø

200 g kalte, gesalzene Butter, in Stückchen (oder ungesalzene Butter und 1 TL Salz)

100 g Zucker, vorzugsweise Puderzucker

250 g Mehl

Variante: Schokoladen-Shortbreadteig

200 g kalte, gesalzene Butter, in Stückchen (oder ungesalzene Butter und 1 TL Salz)

100 g Zucker, vorzugsweise Puderzucker

175 g Mehl

75 g Kakaopulver

Shortbread ist eigentlich ein englisches Gebäck. Der Teig eignet sich aber auch hervorragend als Kuchenboden. Er wird dazu einfach auf den Boden einer Springform gedrückt und vorgebacken. Ein hochgezogener Rand ist nicht nötig.

1 Butter und Zucker mit der Küchenmaschine oder in einer Rührschüssel mit den Knethaken des Handmixers verrühren. Puderzucker eignet sich am besten, weil er sich in der Butter schneller auflöst. Die Butter sollte nicht schaumig werden, nur geschmeidig.

2 Das Mehl sieben, dazuschütten und so lange weiterrühren, bis ein geschmeidiger Teig entstanden ist. Den Teig mit den Händen rasch auf dem Boden einer Springform verteilen und vor der Weiterverarbeitung für 1–2 Stunden kalt stellen.

3 Den Backofen auf 180 °C Ober-/Unterhitze vorheizen. Shortbreadboden ohne Hülsenfrüchte 12 Minuten auf der mittleren Schiene im vorgeheizten Ofen in der Form vorbacken.

Grundrezept Kekskrümelboden

Springform, 28 cm Ø

200 g Vollkornbutterkekse

70 g Butter

Kekskrümelböden gehen sehr schnell, schmecken fantastisch und sind dazu noch einfach zu variieren. Man kann unterschiedlichste Kekse, Zwieback oder auch Cerealien dafür verwenden und Mandeln, Nüsse, Kokosflocken, Schokolade mit den Keksbröseln vermischen. Ich mache aus trockenen Kuchenresten gerne neue Böden, indem ich sie zermahle und mit Butter zu einem Kekskrümelboden verarbeite. Gebacken wird er in einer Springform, nur auf dem Boden und ohne den Rand hochzuziehen. Kekskrümelböden eignen sich für gebackene ebenso wie für ungebackene Füllungen.

1 Kekse zerkrümeln. Das geht am besten in einem verschlossenen Gefrierbeutel mit dem Nudelholz. Butter in einem Töpfchen schmelzen und mit den Keksen vermischen, bis alles gut durchfeuchtet ist.

2 Die Krümelmasse auf dem Boden der Springform verteilen und festdrücken. Ist die Füllung allerdings sehr flüssig, sodass der Boden durchweichen kann, Boden mit gemahlener Schokolade bestreuen und kurz in den heißen Backofen stellen, bis die Schokolade schmilzt und als Schutzschicht den Boden bedeckt.

Grundrezept Mürbeteig

**Tarteform oder
Springform, 28 cm Ø**

100 g kalte Butter, in Stückchen

50 g Zucker, vorzugsweise
Puderzucker

¼ TL gemahlene Vanille

1 Prise Salz

1 Eigelb

200 g Mehl

1 Butter, Zucker, Vanille und Salz in einer Rührschüssel mit den Knethaken des Handmixers verrühren. Puderzucker eignet sich am besten, weil er sich in der Butter schneller auflöst. Die Butter sollte nicht schaumig werden, nur geschmeidig. Das Eigelb hinzugeben und weiterrühren.

2 Das Mehl sieben und auf einmal hineinschütten und nur so lange weiterrühren, bis ein geschmeidiger Teig entstanden ist. Rühren Sie den Mürbeteig zu lange, wird er zäh. Der Teig muss relativ fest sein und trotzdem leicht zu verarbeiten. Ist der Teig zu brüchig, können Sie 1 EL Milch oder Wasser dazugeben.

3 Den Teig nun zu einer Kugel formen, in Frischhaltefolie packen und vor der Weiterverarbeitung für mindestens 1 Stunde in den Kühlschrank legen.

Mandelmürbeteig

100 g kalte Butter, in Stückchen

70 g Zucker, vorzugsweise Puderzucker

1 Prise Salz

1 Ei, Größe S

200 g Mehl

3 EL gemahlene Mandeln (30 g)

Schokoladenmürbeteig

100 g kalte Butter, in Stückchen

60 g Zucker, vorzugsweise Puderzucker

1 Prise gemahlener Zimt

1 Prise Salz

1 Ei, Größe S

180 g Mehl

2 EL Kakao (10 g)

3 EL gemahlene Haselnüsse (30 g)

Kokosmürbeteig

100 g kalte Butter, in Stückchen

70 g Zucker, vorzugsweise Puderzucker

1 Prise Salz

1 Ei, Größe S

200 g Mehl

3 EL Kokosraspel (30 g)

Nugatmürbeteig

100 g kalte Butter, in Stückchen

50 g Zucker, vorzugsweise Puderzucker

1 Prise Salz

1 Prise gemahlener Zimt

1 Ei, Größe S

3 EL flüssiger Nugat (30 g)

200 g Mehl

3 EL gemahlene Haselnüsse (30 g)

 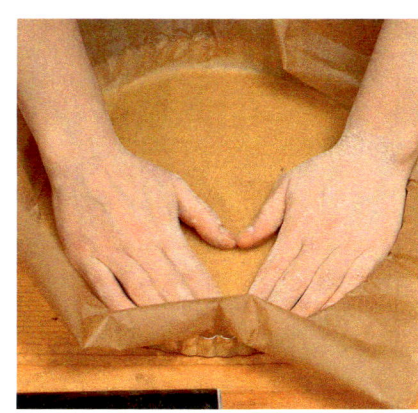 

Kalorienarmer Quarkmürbeteig

20 g kalte Butter, in Stückchen

70 g Zucker, vorzugsweise Puderzucker

1 Prise Salz

¼ TL gemahlene Vanille

1 Ei, Größe S

220 g Mehl

80 g kalter Magerquark

Mürbeteig-Varianten

Jeweils passend zum Belag einer Tarte nehme ich klassischen Mürbeteig wie im Grundrezept Seite 180, Mandelmürbeteig, Schokoladenmürbeteig, Kokosmürbeteig, Nugatmürbeteig oder Quarkmürbeteig. Die Zubereitung ist im Prinzip immer gleich: Nach dem Zugeben der Eier (Schritt 1) rühren Sie nicht nur das Mehl (Schritt 2), sondern auch Mandeln, Kakao, Kokosflocken, Nugat oder Quark in den Teig. Auch 1–2 EL kalter Kaffee oder Espresso geben ein tolles Aroma. Mit dem Quark im Teig verringern Sie den Butteranteil und bekommen einen kalorienarmen Quarkmürbeteig. Bei diesem Boden muss die Form vor dem Backen aber gut gebuttert werden!

Das Blindbacken von Mürbeteig

Einen Mürbeteig für eine Tarte- oder Springform bäckt man fast immer ohne die Füllung vor. Diesen Vorgang nennt man Blindbacken. Zum einen haben die Füllungen meist eine viel kürzere oder gar keine Backzeit und zum anderen verhindert das Vorbacken das Durchweichen des Bodens, z.B. durch Früchte, und er bleibt knuspriger.

1 Am besten bringen Sie den gekühlten Teig in eine Tarteform, wenn Sie ihn auf einer bemehlten Arbeitsfläche mit einer Teigrolle zwischen zwei Schichten Backpapier ausrollen. So bleibt nichts an der Teigrolle kleben. Die Teigplatte sollte etwa 5 mm dick und etwas größer als die Form sein.

2 Legen Sie nun den Boden der Form auf die Teigplatte und schneiden Sie ihn rundherum aus. Drehen Sie den Boden mit dem Teig um und legen ihn mit dem Papier in die Tarteform. Das Papier können Sie jetzt vorsichtig abziehen. Für den Rand formen Sie aus dem verbliebenen Teig eine lange Rolle, legen sie ringsherum in die Form und formen daraus einen schönen, gleichmäßigen Rand. Um das Absacken des Randes zu verhindern, stellen Sie die Form mit dem Teig dann für 30 Minuten in die Tiefkühltruhe.

3 Nach der Kühlzeit drücken Sie in der richtigen Größe zugeschnittenes Backpapier auf den Teig und füllen die Form mit getrockneten Hülsenfrüchten oder kleinen Aluminiumkügelchen, um Blasenbildung zu verhindern. Schieben Sie den tiefgekühlten Boden auf der mittleren Schiene in den auf 200 °C Ober-/Unterhitze vorgeheizten Ofen. Backen Sie den Teig 14 Minuten, nehmen Sie die Form aus dem Ofen, entfernen Sie den Großteil der Hülsenfrüchte mit einem großen Löffel und nehmen Sie dann das Papier mit den restlichen Hülsenfrüchten ab. Im Notfall können Sie den Boden auch ohne Hülsenfrüchte vorbacken. Dafür sollten Sie den Teig in der Form mehrfach mit einer Gabel einstechen und den Rand eventuell mit einem gefalteten Streifen Alufolie fixieren, damit er nicht absinkt.

4 Anschließend backen Sie einen Boden, der nochmals mit einer Füllung gebacken wird, weitere 2 Minuten bei 200 °C. Ein Boden, der nach dem Füllen nur gekühlt wird, kommt nochmals für 4–5 Minuten in den Backofen.

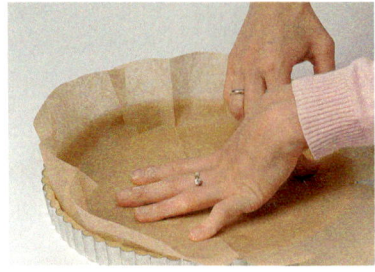

Grundrezept Hefeteig

**Tarteform oder
Springform, 28 cm Ø**
250 g Mehl
20 g Hefe
60 g Zucker
75 ml Milch, leicht erwärmt
1 Eigelb
¼ TL gemahlene Vanille
¼ TL Salz
1 Prise gemahlener Zimt
1 TL Magerquark
30 g flüssige Butter

Viele Kuchenbäcker und -bäckerinnen haben Respekt vor der Zubereitung von Hefeteig. Das muss nicht sein! Achten Sie nur darauf, dass die Zutaten nicht zu kalt sind, wenn Sie den Teig anrühren, und geben Sie ihm genügend Zeit zum Gehen an einem warmen und vor Zugluft geschützten Ort. Dann kann eigentlich nichts mehr schiefgehen. Hefeteig geht besonders gut, wenn er lange und ausgiebig gerührt und geknetet wird.

1 Mehl in eine große Schüssel geben und in der Mitte eine Mulde formen. Die Hefe hineinbröckeln und 1 EL des Zuckers darüberstreuen. Die Milch dazugeben und mit einer Gabel verrühren bis die Hefe sich aufgelöst hat. Den Vorteig an einem warmen Ort etwa 20 Minuten gehen lassen.

2 Restlichen Zucker, Eigelb, Vanille, Salz, Zimt, Quark und Butter zugeben und mit dem Knethaken des Handrührgerätes zu einem homogenen Teig verarbeiten. Ist er zu fest, können Sie noch etwas Milch zugeben. Ist er zu flüssig, geben Sie etwas Mehl dazu. Wenn der Teig sich beim Kneten vom Schüsselrand löst oder blasig wirkt, ist er genau richtig. Rühren Sie lieber länger als zu kurz. Nach meiner Erfahrung geht der Teig besser, wenn er länger gerührt wurde. Den Teig an einem warmen Ort 1 Stunde gehen lassen. Er muss sein Volumen verdoppeln.

3 Den Hefeteig noch einmal kurz durchkneten, auf einer bemehlten Arbeitsfläche in Größe der Form ausrollen. Die Form buttern und den Teigboden in die Form geben. Noch einmal 15 Minuten gehen lassen. Hefeteig wird nicht vorgebacken und kommt zusammen mit dem Belag in den vorgeheizten Backofen. Die Backtemperatur liegt in der Regel bei 175–180 °C. Die Backzeit ist abhängig vom Belag. (Das Rezept auf Seite 173 liefert einen Richtwert).

Grundrezept Quark-Öl-Teig

Tarteform oder
Springform, 28 cm Ø
100 g Quark
4 EL Öl
1 Ei, Größe L
50 g Zucker
¼ TL gemahlene Vanille
200 g Mehl
2 TL Backpulver (10 g)
1 Prise Salz

Der Quark-Öl-Teig ist dem Hefeteig ähnlich, jedoch in der Zubereitung viel schneller und einfacher. Er ist auch für Plunderteilchen, Schnecken und vieles mehr verwendbar. Zutaten wie Mandeln, Mohn, Schokostückchen, Kakaopulver können einfach unter den Teig geknetet werden, um ihn zu variieren.

1 Quark, Öl, Ei, Zucker und Vanille mit den Knethaken des Handrührgerätes oder in der Küchenmaschine verrühren. Mehl, Backpulver und Salz mischen und nach und nach zum Teig geben und weiterrühren, bis sich ein homogener Teig gebildet hat.

2 Die Tarte- oder Springform buttern. Den Teig auf einer bemehlten Arbeitsfläche ausrollen. Tarteform mit dem Teig auskleiden und einen Rand formen. Bei der Springform nur den Boden bedecken.

3 Böden für ungebackene Füllungen werden ohne Hülsenfrüchte vorgebacken. Dazu die Form auf der mittleren Schiene in den vorgeheizten Backofen schieben und 20 Minuten bei 175 °C Ober-/Unterhitze backen.

Grundrezept Japonais

1 Boden, 28 cm Ø
3 Eiweiß
1 Prise Salz
100 g Zucker
40 g gemahlene Haselnüsse
40 g gemahlene Mandeln
1 EL Speisestärke
¼ TL gemahlene Vanille

Japonaisböden sind etwas langwierig in der Herstellung, das zarte und knusprige Ergebnis lohnt aber den Aufwand. Meist werden für einen Kuchen zwei bis drei Böden benötigt.

1 Die Eiweiße mit dem Salz steif schlagen, den Zucker einrieseln lassen und weiterschlagen, bis der Eischnee glänzt und schnittfest ist. Nüsse und Mandeln unterheben. Die Speisestärke sieben und mit der Vanille ebenfalls unter die Eiweißmasse heben.

2 Auf einem Bogen Backpapier mithilfe eines Springformbodens als Schablone einen Kreis (28 cm Durchmesser) aufzeichnen. Den Teig auf der Kreisfläche ausstreichen und glätten. Den Boden am besten über Nacht trocknen lassen und anschließend 1 Stunde bei 100 °C Umluft im vorgeheizten Backofen backen.

3 Wer zum Warten keine Geduld hat, kann den Boden auch gleich backen. Er wird dann etwas weniger knusprig. Es können mehrere Böden gleichzeitig übereinander in den Backofen geschoben werden. Vor der Weiterverarbeitung vorsichtig das Papier ablösen.

Backtipps für süße und pikante Tartes

Backregeln für Blätterteig

Blätterteig selbst zu machen ist sehr aufwendig. Und heutzutage gibt es bereits in jedem Supermarkt in Kühltheke oder Tiefkühlung gute Fertig-Blätterteige zu kaufen. Das ist praktisch für Tartefreunde mit wenig Zeit. Eine gängige Form ist die Rolle mit 42 x 25 cm Seitenlänge und 275 g Gewicht. Das reicht für einen Boden. Zum Umgang mit dem Teig ein paar Tipps:

• Tiefgekühlter Blätterteig muss ausgerollt werden, weil er sonst beim Backen zu hoch aufgeht. Generell sollte Blätterteig vor dem Backen etwas ruhen, denn er zieht sich nach dem Ausrollen wieder zusammen. Wenn er nicht ruht, wird er beim Backen kleiner.

• Blätterteigreste sollten nie geknetet, sondern übereinander gelegt und dann ausgerollt werden. Das Kneten zerstört nämlich die einzelnen Schichten und der Teig geht dann nicht mehr auf.

• Blätterteig für süße Tartes kann man auf Zucker oder Zimtzucker ausrollen, weil der Zucker beim Backen karamellisiert. Das gibt ein tolles Aroma!

• Außerdem ist das Eiweiß ein tolles Mittel, um Teigteile zusammenzukleben. So kann man aus Blätterteig einen Boden backen, ohne eine Backform zu benutzen: Dafür den Teig ausrollen, eine 1 cm breiten Streifen abschneiden und als Rand mit Eiweiß außen auf den Boden kleben.

• Blätterteig blindbacken für ungebackene Füllungen funktioniert wie bei Mürbeteigen (Seite 182).

Tiefkühltipps

Teige, fertige Böden und auch ganze Tartes eignen sich sehr gut zum Einfrieren. Mit einem kleinen Vorrat hat man schnell einen frischen Kuchen zur Hand. Zum Einfrieren ein paar praktische Tipps:

• Mürbeteige können etwa 3 Monate lang in der Tiefkühlung bleiben, am besten in der Form, denn dann kann man sie bei Bedarf einfach herausholen und aufbacken. Vorgebackener Mürbeteig kann ebenfalls eingefroren werden. Er wird nach dem Auftauen gefüllt weitergebacken.

• Fertiger Hefeteig wird nach dem Gehen in die Form gegeben und eingefroren. Vor Gebrauch über Nacht im Kühlschrank auftauen lassen.

• Vorgebackene Blätterteigböden können ebenfalls eingefroren werden.

• Zum Einfrieren ganze Tartes am besten auf einer Kuchenplatte in den Tiefkühler stellen und vorkühlen. Wenn sie fest geworden ist, herunternehmen und in einen Gefrierbeutel einschweißen oder in Frischhaltefolie wickeln.

• Werden häufiger kleinere Mengen an Kuchen gebraucht, die Tartes vorher in Stücke schneiden und einzeln einfrieren.

• Bei Tartes mit mehreren Schichten zum Tiefkühlen die oberste Schicht weglassen und erst vor dem Servieren frisch hinzufügen.

• Tartes mit gebackener Füllung bäckt man nach dem Einfrieren kurz auf, dann sind sie wie frisch und der Buttergeschmack des Mürbeteigs kann sich voll entfalten. Auch kurz aufgebackene Hefetartes schmecken wieder frisch.

Teigtabellen

Die Teigtabellen sollen Anregungen zum Variieren der Tartes geben, indem Sie Böden und Füllungen neu miteinander kombinieren.
Dabei sollten Sie immer bedenken, dass einige Teige vorgebacken werden müssen, andere wiederum gleich mit der Füllung in den Ofen kommen.

Backzeit und Temperatur werden natürlich verändert und angepasst. Mit ein bisschen Übung ist das jedoch kein Problem, und wenn Sie ein bisschen herumprobieren, sehen Sie schnell, was alles möglich ist.

Pikante Tartes

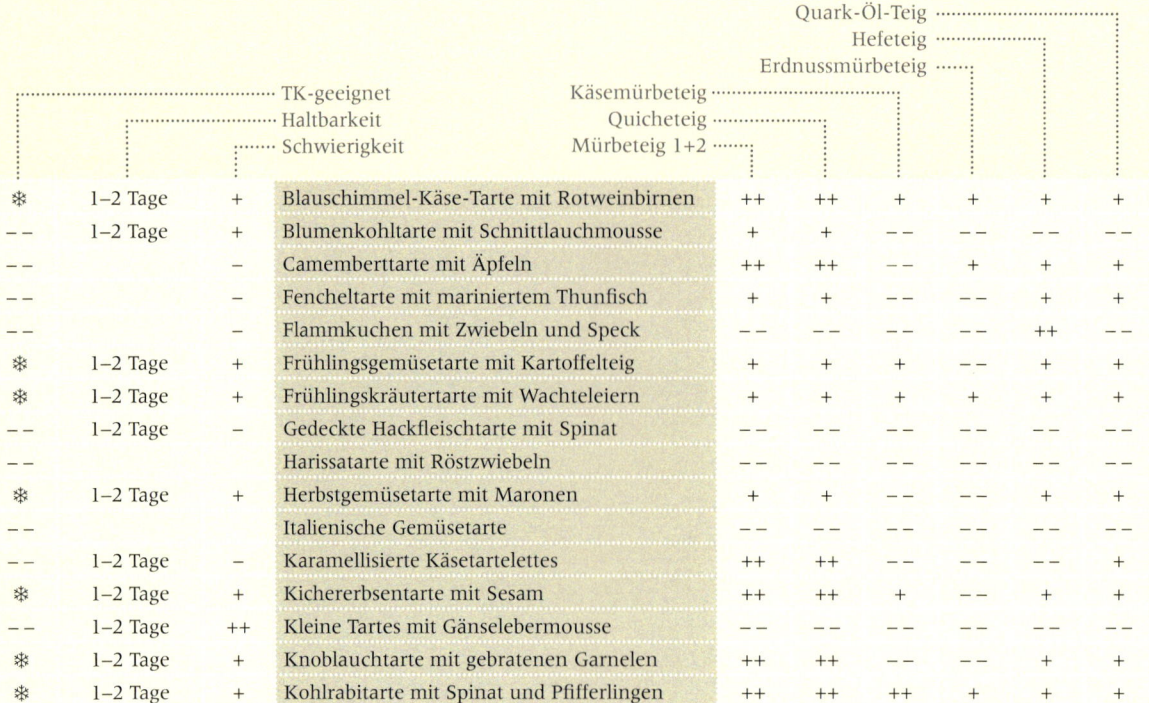

TK-geeignet	Haltbarkeit	Schwierigkeit		Mürbeteig 1+2	Quicheteig	Käsemürbeteig	Erdnussmürbeteig	Hefeteig	Quark-Öl-Teig
❄	1–2 Tage	+	Blauschimmel-Käse-Tarte mit Rotweinbirnen	++	++	+	+	+	+
– –	1–2 Tage	+	Blumenkohltarte mit Schnittlauchmousse	+	+	– –	– –	– –	– –
– –		–	Camemberttarte mit Äpfeln	++	++	– –	+	+	+
– –		–	Fencheltarte mit mariniertem Thunfisch	+	+	– –	– –	+	+
– –		–	Flammkuchen mit Zwiebeln und Speck	– –	– –	– –	– –	++	– –
❄	1–2 Tage	+	Frühlingsgemüsetarte mit Kartoffelteig	+	+	+	– –	+	+
❄	1–2 Tage	+	Frühlingskräutertarte mit Wachteleiern	+	+	+	+	+	+
– –	1–2 Tage	–	Gedeckte Hackfleischtarte mit Spinat						
– –			Harissatarte mit Röstzwiebeln	– –	– –	– –	– –	– –	– –
❄	1–2 Tage	+	Herbstgemüsetarte mit Maronen	+	+	– –	– –	+	+
– –			Italienische Gemüsetarte	– –	– –	– –	– –	– –	– –
– –	1–2 Tage	–	Karamellisierte Käsetartelettes	++	++	– –	– –	– –	+
❄	1–2 Tage	+	Kichererbsentarte mit Sesam	++	++	+	– –	– –	+
– –	1–2 Tage	++	Kleine Tartes mit Gänselebermousse	– –	– –	– –	– –	– –	– –
❄	1–2 Tage	+	Knoblauchtarte mit gebratenen Garnelen	++	++	– –	– –	+	+
❄	1–2 Tage	+	Kohlrabitarte mit Spinat und Pfifferlingen	++	++	++	+	+	+

TK-geeignet	Haltbarkeit	Schwierigkeit		Mürbeteig 1+2	Quicheteig	Käsemürbeteig	Erdnussmürbeteig	Hefeteig	Quark-Öl-Teig
– –	1–2 Tage	+	Kokos-Curry-Tarte mit Hühnchen	+	+	+	+	+	+
❄	1–2 Tage	+	Kürbistarte mit Mandeln und Curry	++	++	+	+	+	+
– –		+	Lammtarte mit Auberginen und Oliven	+	+	+	– –	– –	+
❄	1–2 Tage	+	Meerrettichtarte mit geräuchertem Lachs	++	++	– –	– –	– –	– –
– –	1–2 Tage	+	Morcheltarte mit grünem Spargel	++	++	+	– –	+	+
– –		++	Oreganotartelettes mit exotischer Füllung	++	++	++	+	– –	+
❄	1–2 Tage	+	Orientalische Linsen-Kokos-Tarte	++	++	+	++	+	+
– –	1–2 Tage	+	Paprika-Polenta-Tarte mit Rosmarin	+	+	++	– –	+	+
❄	1–2 Tage	+	Quiche Lorraine mit Schinken und Lauch	++	++	+	– –	+	+
– –	1–2 Tage	–	Räucherfischtarte mit Avocado	– –	– –	– –	– –	– –	– –
❄	1–2 Tage	+	Reistarte mit Fenchel, Birne und Möhre	++	++	+	– –	+	+
❄	1–2 Tage	–	Restetarte	++	++	+	+	+	+
❄	1–2 Tage	++	Rotweinzwiebeltarte mit Schafskäse	+	+	– –	– –	+	+
❄	1–2 Tage	++	Safrantarte mit marinierten Meeresfrüchten	++	++	+	– –	+	+
❄	1–2 Tage	+	Sauerkrauttarte mit geräuchertem Paprika	++	++	+	– –	+	+
❄	1–2 Tage	+	Spargeltarte mit Schinken	++	++	+	+	+	+
❄	1–2 Tage	+	Spinat-Erdnuss-Tarte mit Rosinen	++	++	+	++	+	+
– –			Steinpilztarte mit Liebstöckel	++	++	++	– –	– –	– –
❄	1–2 Tage	+	Teufelstarte mit Kidneybohnen	++	++	++	+	+	+
– –		–	Tomaten-Mozzarella-Tarte	– –	– –	– –	– –	++	– –
❄	1–2 Tage	++	Tomatenschnecken-Tarte	+	+	++	– –	+	+
❄	1–2 Tage	–	Ziegenkäsetarte mit Feigen	++	++	+	+	+	+
❄	1–2 Tage	++	Zucchiniblütentarte mit Hühnerbrust	+	+	+	– –	+	++
❄	1–2 Tage	+	Zwiebelkuchen mit Schinken und Oliven	+	+	– –	– –	++	+

–/– – einfach / nicht geeignet   + mittelschwierig / geeignet   ++ aufwendig / sehr gut geeignet

Süße Tartes

TK-geeignet	Haltbarkeit	Schwierigkeit		Mürbeteig	Blätterteig	Hefeteig	Quark-Öl-Teig	Japonaisboden	Kekskrümelboden	Shortbreadboden
❄ / nach Auftauen aufbacken	3 Tage	–	Apfeltarte mit Pekannüssen	++	++	++	++	– –	+	++
❄	3 Tage	–	Apple Pie mit Amarettini	++	++	– –	– –	– –	– –	– –
❄	2 Tage	+	Avocado-Limetten-Tarte	++	++	– –	– –	++	– –	++
❄	3 Tage	+	Balsamico-Schokoladentarte	++	++	– –	– –	++	++	++
❄	2 Tage	–	Beerentarte mit weißer Schokolade	++	++	++	++	– –	++	++
❄	2 Tage	–	Buttermilchtarte mit Blaubeeren	++	++	– –	– –	– –	++	++
❄ ohne Baiser	1 Tag	++	Cassis-Rotwein-Tarte mit Blaubeeren	++	++	– –	– –	– –	– –	– –
❄ ohne Belag	2 Tage	–	Erdbeertarte	++	++	++	++	++	++	++
❄	14 Tage	+	Erdnuss-Karamell-Tarte	++	+	+	+	– –	+	++
❄	2 Tage	–	Espressotarte mit Kahlúa	++	++	– –	– –	– –	++	++
❄	3 Tage	++	Esterházytarte	++	++	– –	– –	– –	++	++
❄	14 Tage	–	Fudge-Tarte	++	+	– –	– –	++	++	++
❄	2 Tage	–	Grand-Marnier-Schokoladentarte	++	– –	– –	– –	– –	++	++
❄	2 Tage	+	Holunderblütentarte	++	++	– –	+	+	++	++
❄	2 Tage	++	Japonaistarte mit Nugat	– –	– –	– –	– –	++	– –	– –
❄ ohne Gelee	2 Tage	+	Joghurtcremetarte mit Granatapfelgelee	++	++	– –	– –	– –	++	++
❄ / nach Auftauen aufbacken	2 Tage	–	Johannisbeer-Orangen-Tarte	++	+	++	++	– –	++	++
❄	2 Tage	+	Karamell-Schokoladentarte	++	++	– –	– –	–	++	++
❄	3 Tage	–	Käsetarte	++	++	++	++	– –	++	++
❄	3 Tage	–	Käsetarte mit Baileys	++	+	++	++	– –	++	++
❄	3 Tage	–	Käsetarte mit frischem Ingwer	++	++	++	++	–	++	++
❄	3 Tage	–	Kirschtarte mit Marzipan	++	++	++	++	– –	++	++
❄	2 Tage	+	Kokostarte mit Mango	++	++	– –	– –	–	++	++
❄	2 Tage	+	Kürbiskrokant-Tarte	++	++	– –	+	+	++	++
❄	3 Tage	–	Maronentarte mit Rum	++	++	– –	– –	+	+	++
❄	2 Tage	+	Mascarponecremetarte mit Himbeeren	++	++	+	++	++	++	++
❄ ohne Belag	2 Tage	+	Milchreistarte mit Zimtkirschen	++	++	++	++	– –	++	++
❄	2 Tage	–	Mohntarte mit Aprikosen	++	++	++	++	– –	++	++
❄ ohne Belag	2 Tage	+	Mousse-au-Chocolat-Tarte	++	++	– –	– –	++	++	++

TK-geeignet	Haltbarkeit	Schwierigkeit		Mürbeteig	Blätterteig	Hefeteig	Quark-Öl-Teig	Japonaisboden	Kekskrümelboden	Shortbreadboden
❄	4 Tage	+	Nusstarte mit Schokoguss	++	++	– –	– –	– –	++	++
❄	frisch am besten	–	Obst-Blitztarte mit Blätterteig	++	++	++	+	– –	– –	++
❄	frisch am besten	–	Pavlova	– –	– –	– –	– –	– –	– –	– –
❄ ohne Belag	2 Tage	–	Rhabarber-Kürbis-Tarte	++	++	– –	– –	– –	++	++
❄	am 2. Tag besser	+	Sachertarte mit Johannisbeergelee	++	+	– –	– –	– –	++	– –
❄	3 Tage	–	Streuseltarte mit Beeren und Rosmarin	++	– –	– –	– –	– –	– –	++
❄	frisch am besten	+	Tarte Tatin mit Ananas und Minze	++	++	– –	– –	– –	– –	– –
❄	2 Tage	–	Walnusstarte mit Bananen	++	+	++	++	– –	– –	++
❄	2 Tage	–	Weiße Trüffeltarte	++	+	– –	– –	– –	++	++
❄	2 Tage	+	Zitronentarte	++	++	– –	– –	– –	++	++
❄	3 Tage	–	Zwetschgen-Mandel-Tarte	++	+	++	++	– –	++	++

–/– – einfach / nicht geeignet   + mittelschwierig / geeignet   ++ aufwendig / sehr gut geeignet

Register

DORLING KINDERSLEY
London, New York, Melbourne, München und Delhi

Bibliografische Information Der Deutschen Bibliothek
Die Deutsche Bibliothek verzeichnet diese Publikation
in der Deutschen Nationalbibliografie; detaillierte
bibliografische Daten sind im Internet über
http://dnb.ddb.de abrufbar.

Rezeptbearbeitung Pikante Tartes: Monika Reiter
Foodstyling Pikante Tartes: Gerlinde Reiter
Assistenz Foodstyling: Sabine Hülsmann
Redaktion und Lektorat: Claudia Krader, München
Fotografie: Sandra Irmler. Fotos S. 2, 4, 113, 124,
142/143, 147, 151, 159, 164, 170: Annik Wecker
Gestaltung, Typografie, Realisation: Catherine Avak,
  München
Repro: Repro Ludwig, Zell am See

Für den Dorling Kindersley Verlag:
Programmleitung: Monika Schlitzer
Herstellungsleitung: Dorothee Whittaker
Schlussredaktion: Elke Homburg

ISBN 978-3-8310-1633-4

Druck und Bindung: Firmengruppe Appl,
aprinta Druck, Wemding

Besuchen Sie uns im Internet
www.dk.com

**Wir danken der F. S. Kustermann GmbH, München, für
die freundliche Überlassung von Geschirr und Textilien.**